创始人

曾超胜 编著

如何度过创业前 100 天

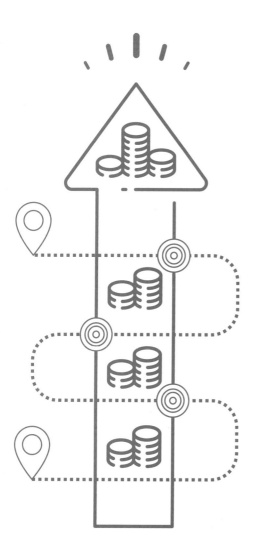

化学工业出版社

·北京·

内容简介

创业最开始的100天是创业者为公司打下坚实基础的最好时机。

《创始人：如何度过创业前100天》通过11章来告诉创业者，如何做才能平稳度过创业最初的100天，包括创业者如何面对未来的不确定性、如何确定战术、如何建立联盟、如何应对创业焦虑、如何与用户交流、如何进行数据管理等，并且提供了6种思维方式，使创业者能于高处统揽全局。本书立足于作者的创业经验，加入了丰富的案例，力求还原一个真实的创业场景，为创业者提供生存下来的方法论。

图书在版编目（CIP）数据

创始人：如何度过创业前100天/曾超胜编著．—北京：化学工业出版社，2021.4

ISBN 978-7-122-38576-5

Ⅰ.①创… Ⅱ.①曾… Ⅲ.①创业 Ⅳ.①F241.4

中国版本图书馆CIP数据核字（2021）第032897号

责任编辑：刘 丹　　　　　　　　　装帧设计：王晓宇
责任校对：张雨彤

出版发行：化学工业出版社（北京市东城区青年湖南街13号　邮政编码100011）
印　　装：大厂聚鑫印刷有限责任公司
710mm×1000mm　1/16　印张14　字数152千字
2021年6月北京第1版第1次印刷

购书咨询：010-64518888　　　　　　售后服务：010-64518899
网　　址：http://www.cip.com.cn
凡购买本书，如有缺损质量问题，本社销售中心负责调换。

定　　价：58.00元

前言

每个创业者在创业过程中都会遇到很多困难，尤其是在创业初期。创业最开始的100天是创业者为公司打下坚实基础的好时机，也会对公司未来的发展产生重要影响。

创业者要明白，在创业的前100天里设定好的公司模式，会影响公司以后的发展，一开始确定的公司的行事基调会一直延续下去。虽然不是说以后公司的行事基调就不会改变，但是改变公司的行事基调实施起来非常困难。因此，创业者在创业的前100天中创造的往往是公司未来的生存模式。

随着各种环境因素的变化，创业的不确定性不断加剧。在不确定的未来中，创业者需要理解不确定性、适应不确定性。

在公司性命攸关的前100天里，公司要少战略，多战术。创业者制定战术，要从模式、流程、制度这三个方面入手。而检验既定的战术是否正确，就需要创业者快速进行实践。

在前100天里，创业者最重要的任务就是让公司生存下去，公司的生存压力比发展压力更为重要。为了更好地衡量公司的生存现状，创业者要把握关键指标。创业者可以从财务端、用户端、流程端、模式端四个方向来寻找衡量公司现状的关键指标。

为了让产品符合市场的需求，创业者要进行产品测试。产品测试要从用户价值、极简设计、敏捷迭代、局部测试、改进优化五个方面来进行，以制造出符合市场需求的产品。

创业者要擅长与核心用户交流，以保证公司具备支撑生存的基础用户量，在此基础上，创业者可以建立种子流量池，以此来吸引更多的新用户。同时，为了让公司能够获得快速发展，没有经验的创业者可以通过拜访同行公司、组织行业聚会等方式，快速成为经验丰富的专家，让公司少走弯路，推动公司快速发展。

创业者要懂得数据分析，以便打造高效率的团队。创业者要学会使用数据分析工具，利用目标数据管理、数据考核方法来管理团队，利用行程数据来监督团队。同时，创业者还要学会用数据开会，使会议更具科学性。

建立联盟能够帮助公司获得更多、更新的商业信息，提高公司抵御外部风险的能力。

为了使创业者从公司的各种琐碎事务中解放出来，更有效地管理公司，创业者要掌握极简时间法则，只去做公司最要紧的20%的事务。

在创业的过程中，创业者常常需要面对各种问题，需要顶住非常大的压力。对于创业过程中伴随的压力，创业者要通过焦虑管理调节自己的情绪，以此来保证在创业过程中能保持积极的心态。

本书力求帮助创业者解决公司创立前期常出现的问题，同时，书中的案例和干货知识也能为更多的读者提供帮助。不论是没有经验的创业者，还是有一定管理经验的管理者，都能从本书中学到内容丰富的知识。由于笔者学识所限，书中难免疏漏，恳请读者批评指正。

编著者

目录

第1章 ⋘

不确定未来的确定性

现在的市场瞬息万变，在探求未知市场的道路上充满了不确定性。一个政策的更改可能会使一个行业衰落，而使另一个行业成为朝阳。面对不确定的未来，创业者要了解不确定、适应不确定，带领公司从迷雾中走向成功。

1.1 进化是创业者唯一的确定因素

信息的多元化加剧了市场的不确定性，各种小概率事件频发更是印证了这种不确定性，这样的市场环境给每一个公司的发展都增加了难度。各种技术的发展、政策的调整等不确定因素使创业者和已经占据部分市场的企业家的差距缩小。未来谁是领头人、谁是落后者都不确定。

一些创业者调侃道："创业就像一场求生之旅，最后成功的都是'幸存者'。"虽是一句调侃，但不无道理。在这场创业者与市场的博弈中，可控因素实在太少。公司在经营时会出现以下不确定因素。

（1）市场环境的变化

美团创始人王兴的创业史可谓一波三折。做校内网之前，他做过一些小的创业项目，那时候的王兴不懂推广，许多小项目一直无人问津。而校内网也因融资失败而不得不以出售告终。后来，王兴苦心经营的拥有百万用户的博客网站"饭否"因监管问题被关闭，随之而来的是新浪微博的崛起。

在这之后，王兴开始思考新的商业模式，随后创建了美团。此时王兴转变了思路，不再急于求成。在"千团大战"时，糯米网、拉手网这些与美团同类的网站都进入了迅速发展期，而且比美团先拿到融资，扩张速度非常快。

这个时期的美团举步维艰，没有资金，销售团队的宣传推广也收效甚微。在美团的一次低谷期，许多员工对美团失去了信心，一些销售人员跳槽到了糯米网，同时带走了美团和万达谈好的业务。美团的状况也因此跌入冰点。

王兴并没有因此放弃，他依然积极地为美团融资。美团在拿到第一笔投资后，逐渐有了复苏的迹象。随后，美团最大的竞争对手拉手网上市失败，美团迎来了创业路上的重要转折期。随着竞争对手们逐渐因资金问题走向困境，美团坚持维稳的优势逐渐显现出来。自此，"千团大战"告一段落，美团坐上了行业的"龙头宝座"。

不确定性打破了原有的市场秩序，既有资本不再是影响公司发展的首要因素。这样的环境给了中小公司发展的机会，但同时也使得中小公司存在快速发展、快速衰落的风险。进化论的内涵是物竞天择，适者生存。因此，创业者要不断进化，以此来适应生存环境。

王兴常对他的员工说："创业这种事就像过山车，今天低谷，明天可能就上去了。"在创业过程中，王兴也在进化，从一开始的不懂推广变得善于经营，从一开始的急于求成转为稳扎稳打。王兴的每一次进化都是根据市场的动向和规律进行的，这其中虽有失败，但是他拥有恒心，不断坚持，这才获得了今日的成功。

市场在不断变化，用户的需求也在不断变化，最终，曾经有优势的产品有可能会失去优势。因此，创业者在产品需求火热的时候，就要想到公司的存续性问题，思考公司如何改进产品和服务，才能保证在"百花开败"之后依然能屹立不倒。

（2）公司进入市场的时机

很多创业者没有注意到公司进入市场时机的重要性，把握好了进入市场的时机，公司才会获得快速发展。如果创业者超前创业，在二十年前就开始做新零售项目，这家公司大概率会因市场环境不成熟而失败。

e国在约20年前建立电商企业，曾经打出"1小时配送到家"的服务口号。而在通信技术、移动支付和网络购物还不成熟的当时，"e国1小时"这样的口号没有为公司带来巨大的收益，反而需要公司付出巨大的配送成本。当时的e国只要一笔订单超过10元就会亏损，而且卖的产品越多，亏损就越多。

e国的失败在于，在市场没有成熟前就进入了市场。在20年前，我国无论是物流、支付、配送，还是网购这些行业都处在萌芽阶段，用户更倾向于在实体店消费。e国想要以一家公司来撑起整个产业链是不现实的。

（3）工作安排不合理

没有经验的创业者对创业的态度总是过于乐观，他们制订的商业计划大多不符合实际情况，这种计划的实施会使得公司的问题越来越多，容易使员工对创业者的能力产生怀疑，导致创业团队人心涣散。不合理的工作安排使得公司资金消耗过多，资金吃紧，最终导致公司陷入进退两难的困境。

（4）资金链断裂

资金链断裂会对创业公司造成十分严重的后果，资金是公司得以运营的生命线，如果资金链突然断裂，并且没有及时获得补充资金，就会给公司造成致命的打击。一家创业公司可能再坚持几个月就成功了，但是资金断裂会让公司不得不立刻关门。

例如，某创业公司在公司经营刚刚稳定后，向其关联方公司出借了数百万元的资金。后来由于这些资金被关联公司占用，导致该公司无法进行正常的经营活动。许多业务由于资金紧张而停滞不前，甚至因无法偿还对外欠款，使公司的权益遭受了巨大损失。最终，该公司没能解决资金占用问题，导致资金链断裂，难以恢复正常运营。

资金链断裂导致创业失败的公司不计其数，资金链断裂就意味着前期苦苦经营的公司在朝夕之间就面临关门的问题。可见，资金链断裂对创业公司而言是毁灭性打击。

（5）同行业的竞争

同行业竞争对手的出现以及竞争对手的抢先成功，都会给创业者带来焦虑。创业者的负面情绪很容易使员工士气大减，产生负面的连锁反应，导致公司的业务量减少、公司的现金流减少，最终，公司元气大伤。

（6）新技术的出现

新技术的出现也是创业过程中的不确定性因素。新技术的出现会导致创业者一直持续使用的原有技术受挫，使得支撑公司发展的核心技术被颠覆，而如果创业者没能及时关注新技术，公司就会陷入生存危机。

（7）欺诈等突发状况

创业过程中时常会出现创业者被诈骗的事件。例如，创业者签好办公地点的使用权转让合同后，却发现签订的使用权转让合同是伪造的，导致创业者被真正的房东扫地出门，创业者遭受资金和办公地点的双份损失。类似这样的突发状况给公司的运营带来负面影响。

这些都是公司在经营过程中存在的不确定性。创业者必须用新的思维来看待现在的市场，以前的创业经验已经不能再让企业维持长久的发展了。创业者只有不断使用新的思维，不断进化，才能够立足于现在的市场。

这些不确定性会严重影响公司的发展，处理这些不确定性的关键在于创业者如何应对这些变化。面对这些不确定性，创业者唯一确定的因素就是进化，即进化个人的创业能力和公司的创新能力。只有这样才能在不确定的未来中占据不败之地。

1.2   不确定性分四个象限

彼得·蒂尔的著作《从0到1：开启商业与未来的秘密》中对不确定性的解释能够帮助创业者更好地理解不确定性。该书将不确定性拆分为二维对二维的矩阵。不确定性有好的一面也有不好的一面，人们对待未来的不确定性可以是悲观的，也可以是乐观的。

悲观者认为由于未来的不确定性，未来的发展正逐步超脱历史的经验，世界越来越不可预测。而乐观者认为不确定性是好事，世界常常充满意外的惊喜。《从0到1：开启商业与未来的秘密》这本书将不确定性分成了四个象限：明确+乐观；不明确+乐观；明确+悲观；不明确+悲观。

不确定的四个象限代表了人们面对不确定未来的四种态度，分别是明确未来发展且乐观、不明确未来发展且乐观、不明确未来发展且悲观、明确未来发展且悲观。这四个象限几乎涵盖了所有人群。

创业者小孙认为未来的市场是明确且乐观的。因为国内的市场处于消费升级阶段，小镇青年对待消费的态度逐渐改变，大城市的白领阶层也在不断壮大，消费的主力群体越来越注重消费的品质。

小孙的公司所处的行业是新消费行业，由于城市青年群体对待消费态度的变化，国内消费升级的态势逐渐抬头。市场的种种现象让他认为未来的新消费市场的前景乐观，他相信自己的公司会抓住市场机会，最终获得成功。

创业者小余认为公司未来的发展是不明确且乐观的。她的公司主要做内容运营，她很看好未来的内容市场，因为现在的内容市场还处于未普及的阶段，未来市场还有很大的增长空间，市场需求尚未饱和，所以她认为市场是乐观的。但她不确定自己的公司未来是否能够抓住市场机会获得飞跃发展。

创业者小刘认为公司的未来是不明确且悲观的。因为他认为未来的技术可能会给现在的经营模式带来颠覆式的改变，而他的公司不具备较强的抗打击能力。面对未来的不确定，他认为未来他的公司如果没能抓住核心技术，可能会被市场淘汰出局。

创业者小王认为公司的未来是明确且悲观的。因为他认为现在的市场增速逐渐放缓，这样的现象会在未来持续蔓延下去，而且人口红利正在消退。他认为未来自己的公司在订单量上会随市场变化而持续减少，公司未来的发展会严重放缓。

有些创业者对公司未来的发展盲目乐观，认为未来市场发展的走向是明确的，创业过程中会出现的问题是确定的。于是创业者就不顾一切地蛮干，最终却被市场的一个小变化绊倒在路上。而有些创业者对自己的项目总是不自信，在尝试前就盲目否定，一边做这个项目一边又看着其他项目，缺少对项目的专注，最终也无法获得成功。

其实，创业者对待市场的态度没有好坏之分，每个人对待未来的不确定性都可以有自己的见解，对待未知的态度也没有正确的标准。但一个公司的发展和生命力往往和创业者看待未来的态度有很大关系。

美国洛杉矶以东的沙漠地带有一家研发太空往返式发动机的公司，这些技术人员认为人类的使命在他们身上，由于地球的承载能力有限，所以人类要早做准备，太空移民是人类的一个选择。地球上所有人一次性移民是不现实的，因此，这些技术人员得出了一个结论，要研发可以往返的飞船，像"开班车"一样每天发飞船，而飞船的关键部件就是可以往返的发动机。这些技术人员几十年如一日地在沙漠里研究可以往返的飞船发动机。

在一些人看来这显然是一个理想过头的计划，而这些技术人员却能不受外界的任何干扰，一门心思解决他们的问题，并且有了很多专利技术成果。因为他们相信这个创新点的未来是光明的，总有一天他们能打造一艘"班车式"的宇宙飞船。

特斯拉创始人埃隆·马斯克曾经对高速列车有过构想，就是在地面上修一个管道，把里面的空气抽走，形成一个没有摩擦的空间。然后将车厢一节一节地放在里面，用高速推进的办法使列车高速运行，其时速可达700 ~ 800公里。而现在这样的高速列车管道已经在洛杉矶到旧金山之间建成。这同样是一个不被人看好的项目，但是高速列车管道的创建人并不这么认为，他对未来的看法是明确且乐观的，这是他获得成功的重要原因。

创业路上盲目乐观确实不可取，但在了解了创意的可行性和行业发展的前景之后，对自己从事的事业拥有明确且乐观的信念，是创业者创业成功的一个重要因素。

1.3 以不确定为确定，探索未知

创业是一件充满不确定性的事，企业的成功更是小概率事件。创业者只有在创业最开始时为企业打好基础，才能以不确定为确定，为企业赢得更广阔的未来。

以不确定为确定是经济学家奈特在《风险、不确定性和利润》一书中首次提出的理论。不能依靠经验概率推算出未来发展的走向是奈特对不确定的解释。不确定的本质是不可测，是对未来预测的失控。

对于创业者来说，未来的不确定性事件有很多，包括公司外部环境的不确定性和公司内部的不确定性。

创业公司遭遇的不确定事件常会给创业公司造成严重打击，创业之路是十分艰难的，一次挫折可能会让公司此前的努力都化为乌有。而创业最开始的100天是给创业者为公司打基础的好时机，这时，创业者应尽早确定自己的目标，通过不断探索找准市场需求，为公司日后的发展积攒力量。

长久以来，创业者一直在与创业中的不确定性做斗争，希望能将未知转变为已知，将不确定转变为确定。然而不确定性是长期存在的，创业者能做的只是适应和习惯这些不确定性，在不确定中寻找相对的平衡点。

创业过程中总会突发不确定事件。创业者小刘经营着一家互联网公司，该公司在创业初期就获得了大量的订单，这让小刘颇为骄傲。小刘认为这样的订单现状会持续下去，所以小刘将创业初期的所有收入都用于公司的扩张，以便能够在未来接到更多的订单。

可惜好景不长，由于业内同行相继爆出丑闻，行业内的市场状况变得不稳定，这样的状况让公司的订单量急剧萎缩，老用户的订单量也开始减少。这突如其来的不确定事件给了小刘一记重拳。

这样的订单现状难以支撑扩张后的公司，加上小刘将公司全部的资金投入到公司的扩张中，使得公司的现金流即将断裂。甚至下个月公司的房租和员工的薪水都成了小刘的难题，并且公司已获得的订单量难以支撑公司熬过市场的寒冬。

不确定性危机发生时，创业者是否能应对及时、得当，也是决定公司能否进一步发展的关键性因素。老牌企业也可能因为一个小危机而使几代人的努力付诸东流。例如，某条产品线不合格或企业管理人员对危机的消极应对，都可能造成用户对公司品牌的信任危机。而要想把这种信任重新建立来，需要付出更加艰辛的努力。

突发的不确定事件能够给创业公司造成致命的打击，但若因此畏缩不前，公司就只能原地踏步，最终还是会被淹没在竞争的洪流里。创业者既要把握机遇，也要能迎接挑战，在不确定面前，调整好自己的心态，以不确定为确定，找到更适合自己的生存之路。

1.4　真相：只是看起来很容易

很多创业者在创业初期对创业抱着不切实际的想法，认为创业很简单。的确，当前市场中创业者的热情十分高涨，创业公司如雨后春笋般建立起来。但事实却是创业公司中有约80%公司会在18个月内倒闭。

在2019年一年的时间里，有不少被业界看好的创业公司、创业红人失败了。创业维艰，创业者不能在市场中盲目地保持乐观的心态。对于创业公司来说，创业的前100天是决定公司能否成功的重要时期，是公司为未来发展建立基调的时期。

由于创业者缺乏创业经验，在创业过程中犯错误是在所难免的，尤其是在公司的起步阶段。创业者可将目标定为挺过100天，在创业的前100天中将各方面的工作做到极致。

很多创业者认为公司的发展是均匀向前的，其实并不是，创业公司的快速发展期由几个重要的时间节点组成，在其他时段，公司会一直处在平稳阶段，缓慢地发展，其中创业的前100天就是一个重要的时间节点。

创业者要知道，在创业的前100天内，公司设定的工作氛围和文化基调会伴随着公司的发展并一直延续下去，公司的文化也会从此形成。虽然这并不意味着公司在后期就不能改变文化基调，但是这种改变会非常困难，要比在创业初期改变困难得多。

一家创业公司需要通过半年的时间来弄清楚创业想法的可行性，之后当公司的经营度过了最艰难的初创时期，公司才会步入发展的稳定期。这时，创业者要开始规划长线发展。所以，对于公司来说，前100天是创业过程中最艰难的时期，创业者会在这个时候消耗非常多的精力。

很多创业者认为想要创业顺利，需要大量的外部资金的支持。然而一些创业失败的案例却告诉我们，公司外部资金太充足反而可能导致公司向失败的方向发展。

创业者需要精简外部投资，发挥自给自足式盈利模式的优势，保证自己不被多方掣肘，更专注于产品和用户的需求。相反，公司获得的外部资金越多，创业者会更加倾向考虑投资者的需求，从而忽略用户对产品的需求。

创业者获得外部投资的同时，也会受到来自外部投资方的各种压力，甚至有时会出于感激想要尽早回馈投资方而试图追赶投资方设定的目标，结果打乱了自己的计划。这样一来便本末倒置了，非常不利于公司的发展。所以只要公司有一定的资金储备，能够维持公司的正常运营，创业者就不要整天思考获取外部投资，而应该专注于完成自己的本职工作，用心提高经营水平和产品质量。

创业公司只要能够满足用户的需求，为用户创造更大的价值，就能够获得长久的发展。满足用户的需求是公司立足的根本。

很多创业者会因为自己的创意被其他公司模仿而感到烦恼。如果创意的模仿门槛很低，公司没有过人的技术或是没有在某方面积累较强的能力，就构建不了自己的竞争壁垒。

创业公司真正保护创意的方法是不断更新创意，优秀的创业者就算把自己公司的经营门道告知所有人，也没有人能够创造出另一家相同的公司。持续的创意能力是偷不走的，一个好的创意是一家公司开始的关键，却不能持续支撑公司的发展，在创业的过程中创业者还会面临很多的挑战。

很多创业者在创业前后对创业的认识是不同的，因为身为员工和身为管理者的状态是不同的。在创业之前，大部分创业者对创业只停留在简单认识的层面，对创业本身的困难程度的认知不足。创业是严肃且专业度较高的事情，需要创业者积累相关的专业能力。创业花费的精力要比想象中多，所以创业者要做好准备，要保持长时间的专注。

以美国移动健康公司Pact为例，该公司在创立之初获得了知名天使投资的背书，可在之后的5年时间里，公司的产品却一直未有突破，最终Pact停止运营。

Pact的建立源于一个非常好的创意：因为大多数人对健身存在严重惰性，常常难以坚持，所以Pact的创始人想了一个绝妙的创意，即通过下赌注的方式，让用户为自己设定健身或饮食目标。这个过程中需要用户用钱作为押金，如果最终用户没有完成目标，就只能被扣除押金。

Pact将这些目标设定得很具体，难度也很低，有助于促进用户养成运动的习惯。另外，下注的资金也不会很高，比如，为一周的运动下注5美元，这些目标如果达成，用户不但能拿回押金，还能获得一定的奖励。

Pact"健康赚钱"的理念吸引了大量用户，在APP运营首年，有500万人参与其中，且用户的目标达成率为92%，一切都与创始人的设想非常吻合。此外，初见成效的Pact获得了150万美元的天使投资，公司未来的发展似乎十分光明。

创意本身并不是专利，创业者无法阻止后来者的复制，尤其是那些容易被理解、可行性高的创意更容易被复制。很多时候创业者容易把这个自认为与众不同的创意当成自己的核心竞争力，觉得把握好这个创意就能在市场中"稳坐钓鱼台"，事实上并不能。因为好创意不是竞争力，它只是一块敲门砖，并不是企业发展的长期动力。

Pact就是这样，一个好执行的创意实际上十分单薄。Pact APP除了交付押金来给用户以压力外，并没有其他健康管理的功能，也不具备实时性。然而一个健康APP想要留住用户，除了行为激励外，还涉及很多环节，比如实时监测、健康管理、课程咨询等。所以以Pact APP现有的功能来讲，它更像一个插件，可供想象的空间太小。随着移动健康市场的竞争拉开帷幕，陆续有一批主打移动健康的应用涌入市场。可穿戴设备、运动健身用品品牌、健身会所等的逐步发展扩大了用户规模，增强了用户黏性。

新出现的各种健康应用在功能上更加完善，而且每个应用都具备用户激励策略。Pact的用户激励政策非常容易复制，而其他应用还附带了如实时监测、健康管理等方面的功能，相比之下Pact显得更加单薄。

Pact将一切动作都放在了押金激励法上，继运动目标后又推出了饮食健康目标，还是采用一样的经营模式，而这显然不是一个能够长期创收的盈利模式。根据Pact的产品特点，用户支付押金后公司会产生一定的流水。之后违约用户押金被扣除，刨除成功用户的奖金后，Pact会有部分营收，这也是Pact能维持5年之久的原因。

而这也仅仅是维持，减去公司的各种成本支出，这部分营收只能支撑一个几人规模的小团队。如果完成率不变，就算提高押金额度也无法改变公司的现状。因为这一切都取决于用户的意愿，Pact也不可能无限制拉高押金，所以这个创意最终无法为Pact带来持久性的利润增长。

对于创业者来说，在公司创立之初就设定好公司的目标是很重要的。很多创业者经营公司只是走一步看一步，认为确定公司发展目标不重要，这是创业者很容易犯的错误。

创业者确立公司的发展目标很重要，如果创业者目标是将公司发展成行业第一，而公司在发展几年后依然是一家小公司，这也是很正常的事情，毕竟创业路上的不确定因素很多。但是如果创业者的目标是走一步看一步，那么这家公司很可能在几年后就被市场淘汰了。

创业者在创业最初的100天里会消耗非常多的能量，要付出非常多的精力和努力，创业者应当以平和的心态面对这一事实。经营一家公司虽然往往比自己上班更困难，但是这一过程给创业者自身带来的提升是十分有价值的。

当创业者选择走创业这条路时，就要暂时放下除创业以外的各种事项。任何公司以外的事都会让创业者付出实际成本，它会影响创业者完成目标的效率。所以创业者在创业中要付出的努力，远比创业者想象中的多。

在付出努力、付出精力的同时，创业者还需要一点运气。但是只有在创业者做好充分准备的情况下，运气才可能起作用，毕竟机会总是留给有准备的人。

从员工的角度来看，如果创业者没有完全投入到创业中，三心二意地开着公司，员工是不愿冒风险跟随公司成长的。所以创业者在确定创业的那一刻起就要做好吃苦和应对风险的准备。

第2章 《《《《

战术：战略失效，唯有做通路

　　创业的前100天是创业者为公司打基础的好时机，对公司来说，经营战术比发展战略更加重要。战术的重点体现在三个方向，分别是模式、流程和制度。创业者把握好这三个方向，为公司制定合理的战术，才能降低公司未来发展的风险。

2.1　百米赛讲战术，马拉松谈战略

　　对于企业来说，制定长期规划和短期规划都非常重要。长期规划指公司发展的战略；而短期规划指公司经营时应对市场的战术。

　　创业者要知道公司未来的发展目标，即公司在前100天里要做哪些事情。创业者要先制定需要实现的目标，为了更高效地完成任务，创业者要设定完成这些任务的时间，再以时间为单位设定目标，根据目标调整公司的战术。

　　当然，这个时候，很多创业者都说自己设定好了目标，如预想在5月份做出产品，10月份筹集资金，然后拿这笔钱做营销宣传，这样就能在年底获得第一批用户。这样的目标听起来不错，但是会给创业者带来一种所有计划都在掌控之中的错觉，可这种掌控是虚假的。

　　创业者在制定公司发展目标时要切合实际，同时要细化目标并付诸行动。这就要求创业者要划分阶段目标，将设定的阶段目标与关键绩效指标相结合，同时这些具体的绩效指标要与目标实施的步骤相关联。

　　一位有经验的创业者说："我要尽快拿到100个用户，当有了101个用

户的时候，我会招聘一名全职员工，然后把主要的精力转向筹集资金。当我筹到200万元时，我会花50万元在产品的推广上。"这种具体目标会更有意义。

当创业者设定了具体的、与绩效指标挂钩的目标时，要意识到现在还没有开始设定战略，只是战术而已，战术针对的是公司当下的发展，它在公司设立初期尤为重要。

公司制定战术要先定一个小目标。根据"SMART"目标设定办法，设定的目标应该是具体、可衡量、可实现、具有关联性、有时效限制的。微观的、确定的且具有可行性的目标才是值得实践的目标。

其实在目标管理中，最难做到的就是对事件的掌控。在工作中，创业者和员工面对较为机械的工作内容时，很可能会心生惰怠，拖延处理工作问题。这时就要求创业者及时完善迭代过程，需要为每个项目设定一个明确的截止时间，以此来督促员工积极工作，这样才能让员工的惰性得到改变，使公司获得更好的发展。

公司制定的小目标得以实现才能保证公司稳步发展。创业公司的目标容易受到各种因素的影响，因此，创业者要紧盯公司及市场的变化。因为一旦公司没有应对好内部或外部的变化，就可能会影响公司后续的发展，最终产生连锁反应，导致目标难以实现。这要求创业者在变化面前要保持灵活性和适应性。

创业者要时刻关注公司的内部安排能否适应战术的发展。在面对突发问题时，创业者要快速做出决策，这样才能给员工一种稳定的感觉，有利于增强员工的信心，使员工保持稳定的心态完成工作，确保后续目标的实现。

在战术实施上，创业者常会受到同行竞争者的干扰。创业者在面对竞争者时，要根据具体情况选择是竞争还是防守的战术。然而，绝大多数创业公司都会重点关注竞争。因为这样可以捍卫自己的市场地位，获得更大的市场份额，从而更从容地应对市场变化。

其实防守与竞争同样重要，因为防守可以降低公司失败的概率。因此，创业者要关注竞争者的一举一动，以此判断正确的防守时机，从而为公司的防守做好准备。

总之，在创业的前100天发展中，公司制定战术比制定发展战略更加重要。创始人在制定公司战术的时候，要把握好公司的发展现状及外部的市场环境，同时，创始人还要紧盯竞争者，根据竞争者的行动来合理地调整公司战术。

2.2 模式：商业模式快速跑一遍

商业模式是指为了使各方价值最大化，将能够支持公司运转的各种要素整合起来，以此打造出一个完整的、高效的、具有核心竞争力的运行系统。该系统能够满足用户需求和各方的价值需要，帮助公司持续获利。

简单来说，商业模式就是为公司创造价值、传递价值、收获价值的运行机制。其中，创造价值是指满足用户的需求，为用户制定解决方案；传递价值是指通过资源配置来交付价值；收获价值是指通过一定的盈利模式来持续获得利润。

美国管理学专家彼得・德鲁克曾说："如今企业间存在的竞争，不是产品之间的竞争，而是商业模式之间的竞争。"在"互联网+"的商业时代，商业模式有了很大的变化，现在的商业模式和传统商业模式之间最大的差异是讨论对象的不同。传统商业模式讨论的重点是成本和规模，而现在的商业模式讨论的重点是如何定义用户的价值。

商业模式是公司从事商业活动的具体方法和途径，而用户价值以及用户价值主张对公司商业模式的运作非常重要。商业模式是公司的基本经营方法，包括用户价值定义、利润公式、产业定位、核心流程和资源这五个部分。

用户价值定义是指公司针对目标受众所提供的价值为其提供不同的产品或服务；利润公式是指收入来源、成本结构等的计算方式；产业定位是指公司在市场同行业中充当的角色和所处的位置；核心流程是指公司生产或管理环节的流程；核心资源是指公司有形或无形的资源。

改变商业模式就是对上述五个部分进行革新。革新理论主要有四种，分别是改变收入模式、改变公司模式、改变产业模式、改变技术模式。

（1）改变收入模式

收入模式的改变是公司的用户价值定义和相应的利润公式的改变。创业者要想以收入模式作为切入点来革新，就要先确定用户的新需求，明确用户购买产品是想要获得怎样的体验或想要达到什么样的目的。

（2）改变公司模式

公司模式的改变是公司在市场同行业中充当的角色和所处位置的改变，

常见的改变方式是公司进行垂直整合或外包出售。

（3）改变产业模式

改变产业模式是创业者需要谨慎选择的一种改变方式，因为它需要公司重新定义产业内容，甚至是创造一个新的产业。

（4）改变技术模式

技术模式的改变主要指公司通过引进技术主导商业模式的改变，如传统模式转变成为"互联网+"模式。商业模式的改变需要创业者对公司的经营方式、受众需求、产业特点及宏观技术环境有较为深刻的认知。

创业者了解了快速实践商业模式的理论后，就要开始科学合理地设计公司的商业模式，在这个过程中，创业者需要把握以下几个要点。

（1）从用户的角度理解商业模式

在公司运营的过程中，创业者往往会从自己的角度看问题，忽略了用户的想法。比如，公司认为用户需要某产品或是某服务，而用户需要的是一条龙式的解决方案。

以智能手机战胜按键手机为例，当时，很多公司认为用户需要的是一台质量过硬的手机，但诺基亚的按键手机抗摔耐磨，最后却依旧被市场淘汰，因为用户需要的是一台功能更多、能够解决更多问题的手机。从用户的角度看待问题需要创业者能及时切换视角，从用户的需求出发，思考用户存在哪些痛点和难点。

（2）创意构想商业模式

创意构想商业模式需要创业者抛弃传统的商业模式，排除竞争对手和主流商业观点的干扰，从创意的角度重新思考商业模式。这其中的关键字是"如果"，例如，"如果让用户自己组装家具"，于是就有了宜家家居；"如果用户能买到更具性价比的手机"，于是就有了小米科技。

创业者可以从公司现阶段需要的资源、可以提供的产品或是服务、用户需求、获利方式等方面入手来考虑问题。例如，亚马逊提供云服务是基于其电商服务已经具备存储空间的资源和庞大的服务器，美团外卖的诞生则是基于用户的新餐饮需求等。

（3）可视化思考

可视化思考是指利用各种图示工具将思考的内容呈现出来。可视化思考可以使用的工具比较多，如商业画布模型和思维导图等工具，可以帮助创业者更好地思考和设计商业模式。可视化思考需要创业者带领的团队有共同的语言规则，能够互相理解并且有默契。好的可视化图像能够节省沟通成本，提高交流的效率。

（4）设计原型并推翻重建

当创业者初步设计出一套商业模式时，正式的工作才刚开始。创业者要不断地质疑自己、推翻自己，以此来比较各种不同的商业模式。创业者要学会刨根问底，逐步完善自己的商业模式。

面对设计完成的商业模式，创业者要不断问自己，如果增加一个细分的用户群体，商业模式会有怎样的变化；如果减少一些成本很高的业务，商业模式会有怎样的变化；如果加入部分免费的产品，商业模式又会有怎样的变化。创业者需要通过这种不断地推翻重建，最终选出相对合理的商业模式。

（5）通过故事来验证商业模式的合理性

创业者要学会讲故事，要能够通过简洁的故事让其他人理解你的商业模式，并通过讲故事来验证商业模式的合理性。另外，讲故事也能够提高公司团队的积极性。

（6）通过事实来预测未来的商业情景

通过事实来预测未来的商业情景和创意构思的方法相似，创意构思是自由地设计，但是通过事实来预测未来的商业情景需要建立在客观现实的基础上。创业者需要根据过去的市场趋势和现在的市场状况，预测出适合未来行业发展的商业模式。

以上6点是创业者在设计商业模式时需要掌握的要点，创业者可以根据自身状况，综合以上要点设计并检验自己的商业模式。

在初步设计好公司的商业模式后，创业者就要将重点放在商业模式的实施环节。由于市场存在不确定性，所以创业者需要快速地将商业模式在市场中实施一遍。这样做有两点好处：一是使公司快速适应变化的市场环境；二是使公司在竞争中占据时间优势。

创业公司的日常活动不同于发展成熟的公司，创业公司的主要活动在于探索商业模式，而不是照搬其他公司的商业模式。一个发展成熟的公司的大致走向已经明确，但创业公司的一切都还处于不明确的状态，所以创业公司要多尝试、多探索，一味地照搬其他公司的商业模式，可能会使创业公司的经营模式趋于僵化，在错误的道路上越走越远，最终造成不可挽回的损失。

所以创业公司在发展初期应认真探索、试错，让商业模式在市场中快速试验一遍。探索、试错商业模式看似绕了远路，但实际上是在帮公司减少试错成本。

腾讯在建立初期抓住了互联网改变人们行为方式的机遇，建立了一个巨大的便捷沟通平台，影响了数以亿计网民的沟通方式和生活习惯。同时，腾讯以此为基础发展关系链，为用户提供一站式在线服务，保持住了用户的黏性，建立了属于自己的帝国。

腾讯的这种商业模式是以核心产品QQ为主体，再根据用户的需求延伸出其他功能。腾讯在创业初期只为用户提供免费的基础性服务，如聊天、发送邮件等。而后期，腾讯才将增值服务作为价值输出和盈利的主要方式。腾讯首先将网络社区在市场中试验了一遍，证明其符合市场的需求后，将网络社区的概念进一步扩展。腾讯没有照搬其他公司的商业模式，而是凭借着互联网技术的发展和网络社区这个概念走出了一条属于自己的路。

对于创业公司来说，符合自身发展需要的商业模式才能更好地推动公司发展，并且有利于为公司以后的发展建立基调。在创业的前100天建立起的商业模式对公司以后建立品牌、拓展业务、树立公司文化等工作都会产生非常重要的影响。

2.3 流程：让产品快速跑一遍

"让产品快速跑一遍"有一个基本的原则就是小步快跑。在创业公司发展的前100天里，创业者有一项重要任务——让产品符合市场需求。

众所周知，一个好产品要经过很长时间的研发，不断修改完善，最终才能进入市场。但是在"互联网+"的商业环境中，这样的做法显然有些慢，而且付出的资金和时间成本也比较高，已经不符合现在的市场需求了。

创业者要把握好时间，不能一次性将100天的工作计划都安排好，因为创业公司的每一天都会有新变化。创业者可以以5天为单位，分期制定不同的小目标并及时调整公司的发展方向。

现在的市场变化快，新产品层出不穷，创业者按照用户需求生产产品，却无法保证市场的需求不会在产品研制期间发生变化，很可能产品刚做出来，市场就有了新的需求。如果创业者进入市场时的产品没"赌"对，那么可能几年的研发成本都会被浪费掉。

所以创业者要将产品放到市场中去尝试，如果收到的产品反馈结果是正向的，就趁热打铁不断完善和丰富产品；如果收到的产品反馈结果不好，创业者就需要考虑换一个方向设计产品。

实际上大多数公司初次设计的产品方向都是有问题的，创业者早期对市场的预测或多或少都会偏离事实，想要补足的市场需求常常是假性需求，而非市场的真正需求。所以创业者在产品设计之初就要接受这样一个现实，即在创业初期，创业者在产品研发方面的大部分的预设和假设可能并不符合市场的需求。

所以，创业者必须将产品拿到市场中去检验，不要一味地相信研发团队的感觉。任何人都不能准确预估用户对产品的反馈，也不能完全了解用户的行为和使用感受。

很多创业者都习惯在产品设计之前编写计划书，但这个时期其实是对产品的使用问题最不清楚的时期。这时候创业者最需要的不是计划书，而是一套能够解决不确定问题的流程。从产品的想法到设计再到工程的试验，最后将产品推出市场，这其中的每一步都存在不确定因素，创业者要能以不变应万变，以用户的真实需求为不变的导向，不断调整优化产品。

传统的垂直性工作方法所倡导的循序渐进式的工作流程虽然看似非常完备，却会成为公司未来发展的阻力。因为在实际操作中，有很多一开始并不起眼的创意经过不断修改后，最终成为炙手可热的产品。

因此，当创业者有一个想法的时候，就要快速实践。现在的市场要求速度，不求产品从一上市就很完善，只要产品具备核心功能，就可以在市场中试验，让用户去使用。企业根据用户的使用反馈，不断完善产品。

创业者可以设立专门的渠道来收集用户的意见和建议，搭建与用户沟通的桥梁。创业者还需要将这些反馈信息进行加工，应用到产品的修改过程中，通过不断重复这样的步骤来完善产品，以达到最优效果。

一个产品推向市场时，使用产品的人数会经历一个由少到多的过程。竞争越激烈的市场对产品的质量要求越高，用户人数也越难累积。对此，创业者可以利用"滚雪球"的方式来测试，例如，在开始的时候请100个用户来试用产品，收集他们的意见，如果获得了正向反馈，下一步就换成请1000个用户来试用，这样递进式向前发展。

按照小步快跑的原则，很多公司在产品研发方式做出改变的同时，迭代速度也要加快。

可口可乐是美国饮料市场的领头羊，其竞争对手百事可乐通过"百事新一代"系列广告大大吸引了年轻人这类消费群体，这严重挤压了可口可乐的市场份额，其利润的增长速度跌了近10个百分点。

而后，百事可乐乘胜追击开展了"百事挑战"的广告攻势，通过现场直播对不同品牌的可乐进行口感测试。即参与者在不知情的情况下，品尝各种没有品牌标志的饮料，然后说出哪种口感最好。结果，百事可乐大获成功，几乎所有参与者都觉得百事可乐口感更好。自此，百事可乐所占的市场份额更是一路飙升，由6%升至14%。

美国饮料市场的格局逐渐由可口可乐独占市场转变为可口可乐和百事可乐共占市场的新格局，用户对可口可乐的忠诚度也在动摇。对此，可口可乐在经过市场调研后发现用户更喜欢口味较甜的可乐，于是可口可乐投入了400多万美元研发了新口味，进行了近20万人的口味测试，最终才确定了新的配方。几个月后，新产品投入市场，反响果然不错。

在上述案例中，百事可乐作为饮料市场的新秀在与老牌企业可口可乐的抗衡中没有选择硬碰硬的方法，在宣传经费上与可口可乐一较高下，而是做了两个新奇的广告。第一个广告瞄准定位，主打"青春性"，在饮料市场的主体即青年用户人群中打响知名度。第二个广告通过口味测试，使产品贴近目标人群，以用户带动用户，提升产品销量。

而可口可乐的反击也不是一蹴而就的，他们首先进行了用户调研，发现自身产品的问题，确定了改进的方向。而后可口可乐投入资金进行新口味的研发，通过不断的测试确定新的配方，最终研发出新口味，挽救了销量。

对于企业来说，用户调研是产品研发的重要环节，但如果设计师对产品的缺陷有充分的认识，用户调研就不再是必要的环节。产品在市场中试验的过程，需要创业者留下必要的反馈流程和改进流程，适当简化其他流程，以此来加快产品的反馈和改进的速度，使产品的使用功能尽快成熟、完善。

每个人都会有惯性思维，受惯性思维的影响，在一个阶段的工作完成之后，创业者会将这一个阶段的思路自然而然地带入到下一个阶段中，不会思考之前的思路是否符合现阶段的工作。而这恰好就是传统垂直模式的弊端，公司可能会因为流程僵化而偏离了市场需求。

创业者在改进流程环节的同时，还要考虑周全，避免流程进展的失控。很多公司在垂直增长期会经历增长瓶颈，虽然他们用了很多办法试图跨过这个瓶颈，但有些公司还是会在这个时期停滞不前，并最终陷入创业失败的危机。所以说，在公司的瓶颈期，创业者想要把握机遇规避风险并不是一件容易的事情。

在创业过程中，有不少创业者急于求成，创业初期就屡屡做出大动作，但大多数只是"昙花一现"。流程进展失控是大多数急于求成的公司经常遇到的问题。创业者制定公司的目标、方向和决策是最重要的事情，如果公司的研发团队在错误的方向上发展，那么生产出来的产品也不可能符合市场的需求。

在当前的市场环境下，公司的产品推出时间越快，就越能比竞争者先一步抢占市场。现在各种技术的门槛越来越低，互联网已成为公共资源，各个行业的准入难度越来越低，也就意味着创意很容易被复制。

现在的市场情况给了中小企业机会，让不同规模的企业能站在同一条起跑线上。但与此同时，模仿、复制另一个企业的门槛越来越低，竞争压力也越来越大，所以创业者要抢占时间成本，以此来打造公司的竞争优势。

在公司资源相对缺乏的情况下，若想创业成功，就要在市场中占据时间先机，做行业中的第一人，这样至少能在行业内占据领先地位。在获得了时间优势的情况下，创业者还要不断更新公司的技术，借此获得更大的发展。

2.4　制度：让管理制度快速跑一遍

好的管理制度能够帮助公司快速发展，并保持公司稳定。创业者对待公司的管理制度，也要像对待产品一样做到小步快跑，快速地将管理制度实践到公司的管理中，以考察管理制度是否能够帮助公司发展。

对于刚刚起步的公司来说，创业者要注意在管理思路和管理制度上改变放养式的经营模式。创业者要建立一套科学有效的管理制度，并将其应用到公司的运营中。

创业者首先要对市场的大环境进行调研和分析，找准公司的定位，并以此为依据设计公司的管理制度。创业者设计的公司管理制度要能够激起公司员工的危机感，提高员工工作的投入度。

公司的管理制度要具有弹性，能够帮助公司度过未来的转型期，保证公司朝可持续发展的方向转变。创业者要量身打造适合自己公司的管理制度，让公司的管理制度促进公司的发展。

公司的管理制度要有清晰的组织构架。公司管理的实质是帮助员工提高工作效率，为公司创造更多的价值。管理制度要明晰每个员工的工作职责和工作内容，减少多人交叉管理的灰色工作内容。好的管理制度要做到奖惩分明，当员工出现问题时，创业者需要对员工进行惩处；当员工获得成绩时，创业者也要对员工进行奖励。明确的奖惩制度能够提高员工的工作热情。

创业者需要将公司的管理流程可视化，提高公司管理的透明度。创业者的工作量很大，在公司管理执行上难免会有疏漏。小疏漏也可能会使公司的管理出现问题，这是创业者必须要重视的。创业者通过可视化流程管理能够更清晰地发现公司管理中的漏洞，有助于及时修复漏洞。

一个公司的成功取决于严格的制度、严明的纪律和雷厉风行的执行力。在公司里，犯错误的员工就要受到惩罚，表现好的员工就应该得到嘉奖，创业者要做到人情靠边站，严格按照规章制度处理问题。

如果公司的规章制度没有被严格执行，就会为公司的发展埋下隐患。如果创业者漏掉一个员工的错误，其他员工可能会重复同样的错误，这就会增加公司管理的难度，员工的执行力也会随之下降。另外，不论一个员工为公司创造了多大价值，做出了多少贡献，都不能游离于公司的规章制度之外。下面是某公司办公室的基本准则。

基本准则
1. 不得在工作时间吃零食、谈论与工作无关的内容，不得播放音乐、视频等影响他人工作。
2. 不破坏办公区域环境卫生，不得在办公区域吸烟、用餐或堆放杂物，不得在桌面摆放与工作无关的物品。
3. 不得利用公司电脑进行与工作无关的活动。
4. 未经许可，不得随意翻动、浏览他人办公桌上的文件，重要文件不得随意摆放。
5. 工作期间应到非办公区接打私人电话，严禁使用公司电话接打私人电话。
6. 不得在工作时间或使用公司设备做与公司工作无关的事情。
7. 不得在公司闹事或对其他员工使用侮辱性语言。
8. 下班后，最后离开工作区的员工应关闭电源，关好门、窗。
9. 不得随意将公司物品带出公司。
10. 来访人员的接待需要在办公时间进行，非办公时间不得带来访人员进入办公室。
11. 员工不得私自调换工作位置。

上述案例中的办公室基本准则对员工的行为进行了细致的规定，或许有些创业者会觉得这些规定不必写出来员工也知道遵守，这种想法是错误的。明确、细致的规定才能更好地规范员工的行为。一个公司是一个整体，员工就是组成这个整体的部分。任何一个部分出错，都会影响整体运转的效率。所以让员工有章可依，令行禁止，才能保证公司高效有序地运转。

另外，公司的管理制度要做到透明，让全体员工都能够清楚地看到公司的管理内容，这样能够保证公司有足够的延展性，以便创业者在遇到问题时，能够掌握第一手的资料，也能第一时间想办法应对。同时，透明的管理制度也能对员工起到一定的激励作用，有助于员工提高工作效率和工作完成的质量。

在快速试验管理制度时，创业者要明白，公司管理制度的有效性是建立在管理制度合理合法的基础上的。如果创业者只追求提高员工效率和经济利益，制定严苛的管理制度，或许能在短期内产生有限的效益，但不合理、不合法的管理制度会激化公司内部矛盾，使公司内部动荡，会使公司惹上不必要的纠纷，甚至受到法律的制裁。这些不良后果会极大地打击公司发展的士气，影响公司的声誉，使公司陷入发展困境。

公司制定的制度要公示出来，并要员工对其进行确认。这样在实践管理制度时，创业者才可以依照制度条例对违反制度的员工进行处罚。未公示或是没有和员工确认过的制度，不能够成为管理员工的依据。

>>>> **第3章**

关键指标：里程碑，没有量化
的结果没有意义

在创业最初的100天里，创业者要注意对产品各种指标的要求。这个要求并不是要确保产品能够在市场中保持绝对的增长速度，而是要保证产品能够在市场中存活。对于创业公司来说，需要面对的生存压力要比增长压力更大。生存问题是创业公司首先要解决的问题，只有保证产品能在市场中生存，公司才能谈及下一步的发展。

3.1　指标权重：生存压力优于增长速度

创业者要知道没有失败的产品，只有不会反思的创业团队。对于一家创业公司来说，陷入进退两难的境地是非常危险的。即使前景不太乐观或是突然遇到障碍，创业者也需要保持乐观的心态，坚持既定的目标不动摇。

创业公司最小的成本就是转弯成本，因为公司的体量小，所以公司的决策成本很低，作出改变相对来说较为轻松。创业公司的目标是活下去，所以创业者只需要做好两方面的工作。一是通过可认知的阶段性目标来判断公司所处的现状，创业者要正视并评估市场反馈的指标数据，思考数据背后的团队行为；二是创业者要根据团队的假设，设计能够被验证实践的产品，并利用市场反馈的数据调整更新产品。

创业者想要评估产品或是工作内容的价值，就要确定关键的数据指标。通过关键的数据指标，创业者能够实时把握产品在市场中的情况和员工的工作完成情况。

创业公司的生存压力大于增长压力。所以让公司能够在竞争激烈的市场中存活下来是创业者在前100天内的第一要务。当公司度过了生存压力期，才能强调公司的发展速度。

为了更清楚地了解公司的经营状态，知道下一步的改进方向，创业者要关注关键指标，为下一步的经营找准方向。因此，公司的团队必须围绕着一个相同的目标来工作。

创业者从财务端、用户端、流程端这3个方向入手，能够找出各项关键指标，如创业者从财务端可找出获客成本、客单价、毛利率等关键指标。创业者可以通过这些指标信息了解产品进入市场的各类信息，并计划好下一步的目标和行动。

关键指标法并不是让公司只为一个指标负责，而是在公司发展的某个阶段，创业者要将工作重心放在某个关键指标上，随着业务的变化，创业者需要关注的重点也会发生变化。

创业者可以使用关键指标法从关键指标向外延伸，延伸出许多小指标。如一个成熟的互联网产品最值得被关注的重点是销售额指标，创业者可以从销售额向外延伸，延伸出客单价、获客成本、毛利率等指标。

通过优化这些延伸出来的指标可以促进关键指标的增长。对于公司来说，创业者根据关键指标来制定公司目标有两点好处。一是创业者能够确定现阶段公司最重要的问题，了解现阶段公司发展的状况；二是创业者能够根据关键指标的情况，科学地制定下一阶段的目标。因此，一个创业公司在不同的阶段需要重点关注不同的问题。

创业者可以根据关键指标数据制定下一步的产品目标。基于关键指标数据来制定目标能够帮助创业者找到现阶段急需解决的问题，并根据关键指标当前的状态制定详细的目标。

如果创业者没有找对急需解决的问题，那么努力达到预期的目标数据并没有意义。创业公司不同的发展阶段需要关注的重点有所不同，一般分成3个阶段。

创业公司经历的第一个阶段是MVP（最小可用产品）阶段。MVP指的是在创业的最早阶段，创业者的关注点是确定目标用户的需求，并制造出相对应的最小可用产品，以此来试验产品是否满足用户需求。在这一阶段，数据分析发挥的作用很小，创业者主要依靠定性分析来确定产品的情况。因此，创业者不需要在数据分析上投入过多的精力。

创业公司经历的第二个阶段是发展阶段。在这个阶段，公司的产品已经是成品并投入市场，这时需要创业者对产品进行数据分析。根据数据，创业者可以判断产品能否给用户带来价值，除了用户反馈和用户需求量以外，还需要看用户的活跃度和用户的留存率。初次使用的用户和留存用户之间的比率就是留存率。如果产品的留存率很低，说明产品不具备充分吸引用户的价值，这时创业者就要着手改进产品，甚至重新设计产品。

创业公司经历的第三个阶段是盈利阶段。当产品到达盈利阶段时，就说明产品已经比较成熟。这时创业者需要关注的重点转变为如何赚更多的钱，以及如何将产品规模化。在这个阶段，创业者的主要任务不再只是改善产品的功能，还要关注产品销量的增长。这时创业者应该将规划重点放在新的方向上，为新产品的研发做好准备。

3.2　财务端：获客成本、客单价、毛利率

对于创业公司来说，创业者只要能够把握获客成本、客单价、毛利率这3个重要指标，公司财务端的主要问题就能迎刃而解。

获客成本是指获取用户所付出的全部成本，是以单个用户为单位来衡量的。获客成本有各种不同的概念和表现形式，计算公式为：

获客成本 =（营销总费用 + 销售总费用）/ 获取新客数

一个刚注册的用户可能会在产品刚投入市场时免费试用产品，但是公司将其转变为付费用户就需要很长时间。如果创业者不考虑这中间耗费的时间，就很可能低估获客成本，从而产生严重的决策偏差。

如果创业者想要准确计算获客需要的时长，最简单的办法是计算出平均营销周期。获客所获取的用户不只是新用户，还有召回的老用户。

创业者在计算获客成本时，需要区分新用户和召回的老用户。很多公司在最终计算获客成本时，成本只包含获取新客的推广营销成本，这是大多数公司在计算获客成本时都会出现的错误。其实获取新用户的成本和召回老用户的成本应该都算入获客成本之中。此外，公司在计算获客成本时常会出现以下几个错误。

错误一：未计算人力成本。很多公司认为获客成本不包含人力成本，这是错误的。公司需要把获客所需的市场人员和销售人员的工资计算在获客成本内。

错误二：未包含固定开支。很多创业公司在计算获客成本时，没有计算固定开支。公司在计算获客成本时，需要将设备费用、租赁费用等开支算入获客成本之中。

错误三：未包含工具使用费用。很多创业公司会同时使用多个营销工具来支持营销工作，如付费的软件系统、维护营销设备的服务费等，这些营销工具也需要算入获客成本中。

创业者应该将公司的获客成本看作是衡量公司价值的重要指标。获客成本能够清楚地反映一个公司能否通过公司的规模效应增加获取用户时产生的利润率。

客单价是指每位用户购买某产品的金额，就是某产品的平均交易金额，计算公式为：

$$客单价 = 销售总额 \div 顾客总数$$
$$客单价 = 销售总额 \div 成交总笔数$$

客单价的实质是在特定时间内，每位用户购买产品的平均价格。如果创业者在考量客单价时没有将其限定在特定的时间内，这样的客单价是没有意义的。

影响客单价的因素有产品定价、促销优惠等。产品的定价会从基本上确定客单价，理论上说，客单价只在产品定价的上下范围浮动。在促销优惠的过程中，客单价的高低取决于优惠的力度。

创业者想要提高客单价主要有四种方式，分别是连带方式、营销一体化、寻找相关性和跨期消费。

（1）连带方式

连带方式是根据用户的基本需要，深入挖掘潜在相关需求的捆绑式销售方式。连带销售的产品占全部购买产品的比例高低影响着客单价的高低，比例越高，则客单价越高。提高连带比例的具体方式有四种。

① 价格连带：价格连带就是高价产品连带低价产品，正常价格的产品连带特价产品，这是超市促销的常见方法。

② 大件带小件：常见的情况是淘宝凑单送优惠券和外卖凑单送优惠券。

③ 亲情连带：常见的是亲子装和情侣装、游戏的皮肤装备等。

④ 搭配连带：在售卖主打产品时，根据用户的需求推销连带产品。常见的是商家在宣传新产品时，会将新产品和受欢迎的老产品打包出售来拉动新产品的销量。

（2）营销一体化

营销一体化指的是产品和营销融为一体，将营销融进产品中，为产品建立营销渠道。如超市常有扫码送礼物、买产品送会员等活动。

（3）寻找相关性

相关性是指两者之间包含相似的因素，但未必包含因果关系。只要创业者能够找到两件事物的关联性，就能将两者联系起来。创业者可以根据数据寻找两件事物的相关性，通过分析各种数据找到不同产品的相关性，利用产品的组合方式售卖来提高客单价。如创业者可以将会员信息与包含相关因素的产品建立关系，绑定发放优惠券等。

（4）跨期消费

跨期消费能够减轻用户一次性动用大笔资金的压力，使用户早日获得产品或服务的使用权。如融资租赁，由于用户现阶段没有足够的钱支付产品或是服务，用户可以靠融资租赁的方式尽快获得产品或服务的使用权，这样的方式能够缓解用户的资金压力。

毛利率是反映公司的盈利能力的重要衡量指标，计算公式为：

$$毛利率 = 毛利润 \div 营业收入 \times 100\%$$

毛利率通常用百分比来表示，这一指标能够帮助创业者进行产品定价，根据产品所花费的生产成本确定产品最适宜的价格。同样，毛利率也能够帮助创业者了解不同价格所带来的不同利润空间。毛利率能够帮助创业者计算产品的投资回报率，帮助创业者更加清晰地掌握公司可持续发展的能力。

毛利率是公司去掉产品成本后的直接收入。对于公司来说，毛利率越高越好，毛利率高证明公司产品在市场上的竞争力强，意味着用户愿意支付更高的费用来购买公司的产品，或是意味着公司生产产品时，花费的成本低。

毛利率高有两点好处，一是在与其他公司获得相同销售收入时，公司赚的钱更多；二是在市场情况不乐观时，毛利率高的公司可以降价销售，甚至在降价后依然能够获得收益。

毛利率低的公司抵抗风险的能力很弱，低毛利率的销售带来的实际收益很低，这样在市场情况不乐观的时候，若公司采取降价促销的方式应对，可能会导致公司出现亏损。若公司不采取措施，则会导致公司的销售量下滑，使公司陷入危机。

创业者将公司与其他公司进行比较时，要注意跨行业之间对比毛利率是没有意义的，创业者一定要在同行业同品类之间作比较。部分行业会采取薄利多销的销售方式，这种方式虽然毛利润很低，但是库存货物的周转率很高，公司同样能够获得高收益。

例如，饮料行业会受品牌效应的影响，用户认准一个品牌，就会一直购买该品牌的产品，品牌效应能提升产品的竞争力。如康师傅、可口可乐这些品牌在饮料行业都占有巨大的市场份额。

另外，生物制药行业大多凭借专利或技术立足，这些成果无法被复制，其他公司只能按照程序购买或租赁。生物制药行业的公司能用专利或技术建立自己的核心竞争力，所以生物制药行业的毛利率相当高。

与上述两个行业不同，零售行业属于薄利多销的销售模式，依靠库存中的货物快速周转来提高销量、获取利润，零售行业的毛利率相对较低。例如，沃尔玛在创办初期将商场位置选在了城乡接合部，竞争压力较小，人们没有太多选择，只能选择沃尔玛，如此便保证了沃尔玛固定的客流量。另外，沃尔玛将仓库改成卖场的做法保证了货物能够快速周转，节省了中间过程产生的成本。这样的做法使沃尔玛商品的毛利率稳定在了22.5% ~ 23%。虽然较其他行业来说零售行业毛利率较低且缺乏核心竞争力，但凭借着极高的货物周转率，零售行业能够在市场中获得很高的收益。

创业者可以通过对比同行业几家公司的毛利率，了解其他公司在市场中的销售情况，分析自己的公司在同行业中的盈利水平，从而了解公司的销售变化，更科学地制定下一步的发展方案。

3.3 用户端：用户量、留存率、累计图与增长图

用户是公司赖以生存的基础，用户量数据能够反映公司所处的发展阶段，能够帮助创业者预测出公司未来的发展前景。创业者从用户量数据中可以了解当前产品的用户群信息。

提高用户量最快捷的方式是渠道投放。为了保证投放能产生效果，创业者要规划合理的投放策略，优化投放素材，提升推广资源的转化率。同时，创业者需要明白，渠道投放的过程是持续尝试、沟通、等待结果的过程。

创业者还要细化投放策略，提升投资回报率，让投资发挥最大效果。创业者要分析目标用户，分析各投放平台的用户属性，并制定个性化的投放策略。以用户为中心的投放策略既能够获得新用户，又能召回部分老用户。

公司利用各种推广方式将用户吸引过来，让用户使用自己的产品，但是一段时间后会有一部分用户自然流失掉，另一部分还会经常使用该产品的用户就是留存用户。

很多创业者通过公司网站的日活跃用户量来检测网站的用户情况。网站的日活跃用户量逐渐增加自然是一个好现象，但如果创业者不分析用户的留存率，就难以把握产品的成长状态，也难以把握公司的生存现状。

留存率是判断产品是否健康成长的指标，创业公司的用户留存率在很

大程度上决定着公司的生死。以甲公司和乙公司为例，通过对两个公司用户情况的对比能够帮助创业者更好地理解留存率。

甲公司每月新增100万新用户，乙公司每月新增50万新用户。从用户增长量来看，显然甲公司的产品要比乙公司的产品更有价值，但是只考虑这一个指标是不全面的，创业者还要结合留存率一起分析。甲公司的月留存率是55%。乙公司的月留存率是75%。数据表明乙公司比甲公司的月留存率高出20%，而甲公司的新增用户是乙公司新增用户的2倍。很多人会认为由于甲公司在新增用户上占据绝对的优势，所以甲公司的产品更有前景。实际上正相反，当时间跨度变长后，乙公司产品在市场上的占有率会占据上风。

通过上述案例可以发现，留存率对公司的影响并不是短期可见的，而是长期可持续的。创业者想要提高用户的留存率，要先思考如何让用户留下来，这取决于产品能否满足用户的核心需求。当用户在使用过程中发现产品符合自身需求，这类用户就很有可能成为留存用户。

创业者加大产品的宣传力度、渠道优化等，也能在一定程度上提高留存率，但还是会有一部分用户流失。所以提高产品留存率的核心是让产品真正满足用户需求。

创业者在利用留存率指导自己工作时，要注意，使用短期的留存率数据来做决策是非常危险的。因为留存率需要经过一段时间才能真正反映出产品的走势，这个时间一般是3个月。经过这段时间后，创业者再根据用户留存率优化产品细节才是科学的。

例如，脸书平台有留存率"40-20-10"的规则。"40-20-10"指的是如果创业者想要看产品是否符合市场需求，就要看产品新用户的次日留存率、第7日留存率和第30日留存率是否分别大于40%、20%和10%。留存率并不是短时间内就能够稳定的，它会逐渐下降，然后稳定在一个数值，这个数值才是真正的新用户留存率。

当产品的留存率提高时，产品新用户的留存机会增加，公司的盈利能力和获客能力也会提高。另外，留存用户增加也能提高公司的竞争壁垒，使公司在市场上更具竞争力。

创业者可以根据累计图和增长图查看公司近几个月的发展情况，更好地了解公司的发展态势，并做出相应的用户策略调整。创业者要注意，累计图上的累计数据一般会随着时间的变动而变动，所以创业者制定的用户策略也要及时进行调整。创业者可以用月度总销售额、月度净收益、月度新增用户这些数据指标来分析公司的业绩增长变化。

3.4 流程端：从 1 到 N

很多创业公司在流程管理上没有形成规范，导致公司经常出现各种问题，如项目交付超时、团队交接失误等，这些问题会严重拖延项目进程，影响后续工作。为了解决这类问题，创业者需要先掌握关键部分的流程管理，再从1到N，实现公司的全流程管理。

关键流程管理来源于流程再造管理理论，流程再造管理理论是以提高用户满意度为目的的再造业务流程。流程再造管理理论以业务流程为核心，改变公司原有的按职能分配的管理办法，重新设计公司的管理流程，从整体角度确定公司的工作流程，实现最优的流程管理。

流程再造的目的是创造和优化流程系统，基本思路是从公司的目标、业务模式、典型问题出发，再造公司的关键流程。创业者需要对公司流程进行层次分类，明确公司的流程范围、流程之间的对接任务及对接任务的关系，最终建立流程管理系统。同时，创业者需要对关键指标进行记录。记录关键指标的最终目的是建立关键指标系统，从而建立关键指标体系的流程管理制度。

流程再造需要重新设计公司所有流程，因此，创业者需要另外制作工作流程图，以保证工作对接的效率，保证工作整体流程能顺利进行。

为了保证公司员工能够严格执行工作流程，创业者需要对流程中的每一个关键点进行严格把控，用具体的数据指标量化、分解总体目标。当工作目标和具体的数据指标联系在一起时，员工的工作任务才会清晰明了。另外，在关键数据指标的收集上，创业者可以制定项目工作目标、部门职责内容以及岗位职责书，以便更好地将工作内容量化。

当然，这样的做法也有一定的缺点，即会过分强调结果。员工工作时会为达成工作目标而过于追求速度，甚至会忽略工作的质量。为了避免这样的问题，最好的办法就是加强对关键流程的管理，实现效率和质量的统一，从而使目标保质保量地完成。

以IBM信贷公司为例，其早期的工作流程为传统的劳动分工，共分为6步。

① 当客户需要融资服务时，负责该客户的业务人员代表该客户向公司提出融资申请，随后再由接待人员负责在申请表上记录该项申请。

② 申请表抵达客户信用部后，专业人员会审查客户的资金信用情况，并据此来确定客户的申请是否通过。

③ 客户的申请通过后，交易条款部的工作人员会根据客户的实际情况对贷款协议进行修改、补充。

④ 随后，估价部的估价员会根据申请表上的信息，初步确定向客户征收的贷款利率，并把结果和依据一起交给业务主管审批。

⑤ 业务主管会将客户的各种信息综合在一起进行分析，确定最终的报价。

⑥ 最后，负责该客户的业务人员将最终报价告知客户。

按照这种传统的劳动分工流程，每份贷款从申请到形成最终报价，几乎都需要一周的时间，有些涉及金额较大的贷款甚至需要两周才能走完所有流程。另外，中间形成报价的环节几乎都与直接对接客户的业务人员无关，业务人员不了解具体进程，也无法与客户沟通，客户很可能在这期间寻找其他的融资渠道，IBM 信贷公司可能会失去一笔贷款业务。

面对这种可能造成的损失，IBM 信贷公司专门设立了"控制服务台"，方便业务人员随时获得信贷申请的进展情况。信贷申请过程中的每一份文件在送去下一个部门之前，都要先送到"控制服务台"。虽然这样的方法改进了信贷申请过程中客户不能获得即时信息的弊端，但也延长了信贷申请的时间，客户满意度依旧无法提高。

后来公司经过调查发现，信贷申请的时间之所以很长，并不是因为每位员工处理业务的速度慢，而是因为各部门之间传递表格的流程十分慢，同时，各部门重复在计算机系统里输入和查询信息也耗费了大量的时间。

如果没有这些流程，处理一份申请只需要90分钟。

同时公司又发现，这些流程中负责处理不同事务的专业人员所从事的工作，大多数都只是不同程度地例行手续，实际上并不需要这么多专业人员。一台设定好审批流程的计算机和一个会操纵这个系统的工作人员就足以完成审批流程的所有工作。

于是，IBM信贷公司取消了原有的各种专业部门，设立了"交易员"岗位，同时开发出了适应新要求的计算机系统。这样一个"交易员"就可以负责一笔业务从开头到结尾的全部流程。

另外，公司还设立了专家小组。虽然在大多数情况下，"交易员"可以独立完成工作，但也难免会遇到特殊情况。当"交易员"遇到无法处理的问题时，可以请教专家小组的专家，或直接将问题交给专家小组的专家解决。

业务流程改进之后，IBM信贷公司为客户提供融资服务的时间由此前的一周压缩到了4小时，金额较大的贷款业务也得到了更为高效的处理。这次业务流程再造使得客户满意度和忠诚度都有了一个飞跃性的提升，使得公司的业务量增加了100倍。

流程再造和关键指标之间的区别是关注过程管理还是关注结果管理。二者关注的重点虽不同，但也存在相似性。流程再造和关键指标都是从关注组织构造开始的，然后再进一步梳理工作职责和岗位的说明内容，所以二者从操作的基础程序上是没有差别的。

流程再造的优势十分明显，但其同样存在弊端。流程再造的弊端是会将业务增长的操作流程设计得过于理想化。所以为了保证流程的实施，创业者必须将流程再造系统与关键指标相结合，这样才能通过关键指标考察核心流程的可执行性和完成效率。

3.5　模式端：可复制性、可规模化

一个成熟的商业模式一定要匹配商业要素，在公司运营的过程中，只有匹配商业要素才能形成机制，从而提高创业项目成功的概率。常见的商业要素有以下6种。

（1）定位

定位是指公司提供的产品或服务的类型，以及针对的是哪一用户群体。想要让公司在市场中立足，创业者首先要明确自身的定位。

（2）业务系统

业务系统是指公司根据自身定位设计的业务环节，是与相关合作者达成交易的具体流程，这一要素是商业模式的核心。

（3）关键资源能力

关键资源能力是指支持业务系统运行所需要的资源和能力。关键资源能力能够建立起公司的竞争壁垒，拉大公司与竞争对手的差距。

（4）盈利模式

盈利模式是指公司分配成本及获得利润的方式。盈利模式是指在价值

链结构已经确定的情况下，公司获得利益的方式。

（5）自由现金流结构

自由现金流结构是指公司在运营过程中的现金收入状况。不同的现金流结构反映着公司的定位、业务系统、关键资源能力以及盈利模式等方面的差异，能够体现出不同商业模式下公司呈现的不同特征。

（6）公司价值

公司价值是指公司的投资价值，是公司未来预期产生的现金流的贴现值。公司价值的大小是评判公司商业模式好坏的重要标准。

好的商业模式具有可复制性。可复制性指的是公司能自己复制自己，但是别的公司无法复制。这需要创业者提高本公司的商业壁垒，如技术壁垒等。提高商业壁垒可以提高公司核心的竞争力，如果其他公司想要效仿，就需要花费非常高的资金成本。

好的商业模式也是可规模化的。可规模化是指公司的商业模式是灵活、开放的，能够支撑起公司的长线发展。可规模化的商业模式能够促进公司的快速发展，使公司的发展迅速形成规模。

创业者在公司创立后的前100天里，首要任务是测试商业模式，让商业模式快速在公司中实践，以找到和公司匹配的商业模式。每家公司都有自己独特的商业模式，但好的商业模式一般都存在一定的客观规律，创业者可以通过测试指标来检查公司商业模式的好坏，以此为依据改进现有的商业模式或是重新设计商业模式。

以小米的"铁人三项"商业模式为例，"铁人三项"即硬件+新零售+互联网服务。区别于传统零售业线下销售的模式，小米在成立初期是没有实体店的，都是直接在线上销售。这一商业模式极大地降低了运营成本，尤其是降低了交付产品的交易成本。

除了生产研发环节，其他中间环节也能够有效降低成本，这样就能降低商品零售的价格，用户购买商品的价格自然会比同类商品低。长此以往，用户觉得小米相比于其他同类商品既好用又便宜，自然会成为小米的"回头客"。

现在，小米已是全球知名的智能手机制造商，也制造出许多智能硬件产品，同时，小米还研发了全球最大的消费物联网平台，可以连接约1亿台智能设备。这些都是小米在这种独特的商业模式下取得的成绩。

创业者可通过以下测试来检测公司的商业模式。测验商业模式有8大标准，每道题的答案为"是"得1分，答案为"不是"得0分。

① 公司的商业模式不容易被同行复制吗？

② 公司的商业模式能够做到让别人一听就懂，但却很难复制吗？

③ 公司的商业模式能够帮助公司提升竞争力吗？

④ 公司的商业模式能够保证公司的利润率高于同行吗？

⑤ 公司的商业模式能够保证公司按计划得到相应的利润吗？

⑥ 公司的商业模式能够较为准确地预估销售额吗？

⑦ 公司的商业模式能够产生多个收入层次吗？

⑧ 公司的商业模式能够让公司有充足的现金流吗？

创业者请汇总得分，最后的总得分归类为三档。

第一档：0 ~ 3分组

对于商业模式处于这一分数档的公司来说，目前公司的商业模式很难再维持下去，处于这个阶段的公司未来不太乐观。当前的商业模式不但没有创造价值，反而会消耗很多公司资源。这时公司要做的就是及时止损，不要让风险延续下去，创业者要及时反思。

商业模式处于这一分数档的公司需要做的是在原有的商业模式上，根据公司的属性优化现有的商业模式，或是设计全新的商业模式。

第二档：4 ~ 6分组

对于商业模式处于这一分数档的公司来说，目前公司的商业模式还是存在一定效果的，公司的目标方向以及公司的核心竞争力并不存在大漏洞，但是还是会遇到某些经营障碍。

处于这一分数档的公司的典型问题是难以处理营业额和利润率的关系。创业者只能在营业额和利润率中保住一个，如果创业者选择营业额，利润率就会下滑；如果创业者选择利润率，营业额就会下滑。

分数处于这个区间的公司要在现有的商业模式上进行微调和改进，如改善现有的营销模式，减少不必要的成本支出等。这些问题都容易在短期内被改善。

第三档：7 ~ 8分组

对于商业模式处于这一分数档的公司来说，目前公司的商业模式非常匹配公司的现状，公司的状态很好。

处于这个分数档的公司的营业额和利润率都有不错的表现，公司的利润率和营业额都能保持不错的增长水平。这时候，创业者应该把握时机，趁热打铁将公司的商业模式做到极致。

处于这一分数档的公司需要注意两类问题，首先是市场的价值空间已经接近饱和状态，公司处于最好阶段，也可能是最危险的时候。公司必须要优化管理流程，以便不断占据新的市场空间。

>>> **第4章**

产品测试：让产品符合
　　　　市场需求

产品是公司的生命，只有质量过硬且符合市场需求的产品才能在竞争激烈的市场中存活。创业者要记住，产品是为用户服务的，产品的各项功能和各种属性都要符合市场中用户的需求。

创业者要在产品设计中明确用户的价值，通过极简设计、敏捷迭代等手段优化用户的使用体验。同时，在进行产品测试时，创业者可以让部分用户参与进来，根据用户的使用体验获得真实的反馈数据，从而设计出更好的产品。

4.1　用户价值：产品价值的定位

创业者要重视用户对产品的作用，要基于用户的需求来创造产品。如果产品能够在用户心中产生价值并树立特定形象，就能获得用户的青睐并掌握主动权。

产品要想在用户心中产生价值，要先满足用户的需求，用户的需求被满足了，才会有购买产品的欲望。营销行业有一个很著名的比喻，"用户购买的不是电钻，而是墙上的那个洞"。所以，创业者的产品如果可以更轻松地解决用户的需求，那么其被用户选择的概率也就越大。

创业者在确定产品价值的定位时，要结合竞争产品的情况，参考竞争产品的数量、发展和其在市场上所占的份额，避免定位雷同，以减少竞争中的风险，即要实现产品的差异化定位。差异化定位可以创造产品的差异化形象，创业者通过展现产品"更好"或"与众不同"的一面来实现产品的差异化，让用户形成该产品不可替代的印象。

创业者首先要明确竞争产品的特点，从宣传定位上区分开来，才能更好地突出产品的价值。其次创业者需要将影响购买产品的因素列举出来，如价格、质量、外表、功能等。产品在某个或多个因素上表现出优势，如同样的质量下产品的价格比竞争产品更合适，或是同等价格下产品的质量更高等。

尽管人们都追求性价比高的手机，但对一部分人来说，常用的手机功能是很少的。针对这一现象，OPPO和vivo推出了具有差异性的高品质音乐手机和具有高清拍照功能的拍照手机。这两种手机定位于时尚、爱美、热爱生活的年轻用户群体，基于用户导向创新，将"音乐手机"和"拍照手机"这两个标签植入用户心中。

当其他品牌强调性能、专业时，vivo打出了"照亮你的美"的广告语，突出自己的产品价值，与市面上其他手机区别开来。即使OPPO和vivo手机在性能方面并不是特别出众，但这两个品牌更好地迎合了目标用户的需求，因此获得了成功。

当用户在听到或谈到某一产品特征时，能够迅速联想到特定的产品，这就是产品价值的效应。说到最流畅的手机产品，人们首先会想到iPhone。即使经过无数次更新换代，现在很多安卓系统并不比ios系统逊色，但iPhone的流畅性能与极致美学早已深深烙印在用户的心中，这就是产品价值的效果。

精准找出产品的目标用户会使产品在目标市场上的定位更加显眼。确定了目标用户群体后，为了更好地吸引他们的注意力，创业者还需要完善产品形象。

由于道路交通复杂，公交车往往不如地铁那样准时，车站也没有显示下一班车何时到达的电子屏，日常需要搭乘公交车的人们没有办法估算自己出行的时间。手机软件"车来了"就是针对这一庞大的目标用户群而研发的实时公交软件。"车来了"能够为用户提供精准、全面的公交车实时位置查询，包括公交车的距离、预计到达时间、公交线路的转换等。

"车来了"的成功除了有硬实力的支撑，也与产品萌芽初期精准的用户定位密不可分。如同软件的标语"陪你等，伴你行"一样，"车来了"为用户提供了极大的安全感。

如果产品具有某种时效性的特色，创业者可以把使用产品的时机作为产品的定位，如西瓜与冰激凌在夏天食用最佳，羽绒服和圣诞老人在冬天出现。这些固有印象既可以帮助产品定位，也可以通过打破来创造新的印象，如反季果蔬会涨价，反季衣服清仓甩卖等都是根据产品的时效性制定的商业策略。

时效性也可反其道运行，同样的产品可配合有时效的特定时期打造限定爆品。如在世界杯期间，球迷们最大的享受就是跟志同道合的朋友一起讨论赛况，为自己喜欢的队伍加油。在荷尔蒙高涨的时刻，球迷的消费需求也是空前的。针对这个群体，大到世界杯主题酒吧，小到世界杯限定啤酒，都被盛事染上了一层附加价值。

综上所述，不论是出于用户价值还是产品价值的考虑，不论是针对哪个群体的定位都是在做比较。比较出最适合的产品定位，比较出更容易让用户接纳的长处，产品才能拥有利益最大化的产品价值。

"年轻人，快消，小百货"是名创优品的定位，将定位做到极致也是它快速抢占市场的原因。首先，名创优品所针对的用户群体很明确，即"一二线城市的年轻人，尤其是女性"，因此，名创优品在门店显眼的位置会放置各种各样的化妆品吸引流量。店铺往往选址在商业中心，装修精美且占地面积不大，店内的商品优质且价格低廉、种类繁多，购买简便又轻松。

名创优品选中的小商品种类有效规避了与电商和线下零售行业的竞争。同样的商品，在超市和零售店可能找不到设计精美的，在网上买不仅需要支付运费还需要等待许多天，无法马上使用。名创优品立足于两者之间，选择的商品既是日常所需，又在保证质量的前提下强化创意，通过极强的设计感提升了产品的附加值，让用户觉得物超所值。

同时，名创优品的上新速度很快，用户每隔一段时间到店都能发现新的种类、新的设计。用户对其产品始终保有新鲜感，极大地提高了用户黏性。

如何对产品进行价值定位？常见的产品价值定位方法有以下几种。

（1）根据产品的特性定位

产品特性是指生产该产品的技术、设备、生产过程以及产品的功能，另外也包括与该产品有关的原料、产地、历史等要素。例如瑞士手表以产地定位、国窖1573以历史定位等。

然而，这种定位方式因为便于复制而存在一定的缺点。例如，某公司以"引进国外先进设备制造"来定位，其他同类公司也可以复制这种定位方法，这样一来，该公司就失去了定位带来的独特性。

（2）根据产品能给用户提供的利益定位

产品利益定位不是告诉用户本产品具备什么样的特性，而是告诉用户这些产品属性对用户而言有什么样的功效，或者能够给用户带来什么利益，如"沃尔玛——天天低价"这样的定位。

（3）根据质量和价格定位

质量和价格本身就是产品的定位。用户一般认为，高质量的产品价格也会很高，但有些公司反其道而行。例如，小米手机质量高而价格低，利用"高质低价"的定位提高了竞争力。

（4）根据企业的竞争地位定位

根据企业的竞争地位定位超出了产品定位的范畴，是一种广泛意义上的定位。根据公司在市场上的竞争地位，可以将公司分为市场领先者、市场挑战者、市场追随者和拾遗补阙者。

这种竞争地位的差别影响着公司产品的定位。例如，许多人都知道IBM计算机的销量世界第一，要问谁是第二，很少有人能回答上来。于是"第一"就成了一种重要的资源，在可以考虑"第一"的情况下，没有用户会去考虑"第二""第三"。

（5）根据核心意愿进行定位

核心意愿即情感等层面的定位。正如品牌专家马克·戈贝所说："成功的品牌必须带领消费者进入一个更深层次的、普遍的情感空间。"这样的定位会引导用户将自己的情感寄托在产品上面，如戴比尔斯的广告语——"钻石恒久远，一颗永流传。"就赋予了产品永恒不变的特性，因此，用户会将对婚姻的美好期许寄托于戴比尔斯的钻石产品上。

除了上述5种定位方法，创业者还可以根据用户类型来定位，如百事可乐的"百世新一代"定位了青年用户人群。创业者还可以根据用户偏好定位，如OPPO瞄准年轻人拍照的偏好，专注拍照技术的创新，将用户定位为年轻人，开启了"美颜"新时代。

产品定位不是一成不变的，根据经营效益和用户反馈，创业者可以调整思路，从一种定位转换到另一种定位。例如，一家生产高级润滑油的公司以前把产品定位放在"高质量"上，收效一般。后来这家公司认真分析了用户群体，发现他们大多是大型设备的使用者，最关心的问题是设备是否完好运转。于是，这家润滑油公司改变了思路，宣称"使用本公司润滑油的设备，如果出现故障，本公司将承担用户的损失"，把产品定位由"高质量"转移到"服务保险"上，最终获得了成功。

创业者要始终明确自己卖的不是产品本身，而是用户的需求，以用户的需求确定产品的定位，才能实现产品价值的最大化。而创业者依据用户需求确定产品定位也能充分发挥用户对产品的价值。

4.2　极简设计：后台复杂，前台要简单

创业者在设计产品时，要把握极简设计原则，使产品能够快速获得用户认同。

　　交互功能简单是让产品变得极简的重要方式。交互功能简单并不是逻辑上的简单，而是指用户在使用产品的过程中，所付出的学习成本较小。学习成本小意味着产品好上手，没有使用经验的用户也能轻松驾驭，这样一来产品的受众就变广了，销量自然就会提高。例如，小巧便捷的微单相机、一键调整照片的拍照软件、烘洗一体的洗衣机等，许多产品都在向着更利于用户操作的方向发展。

　　虽然微单相机相较于单反相机来说，已经极大地降低了相机拍照的门槛，但大部分用户还是倾向于选择更轻便、更简单的手机来拍照。打开"相机"软件摄像头便会自动对焦，用户只需点击就能完成拍摄。这样简单方便的产品才是用户的第一选择。

　　在电子产品的设计中，简单实用的产品交互功能是争取用户好感度的最强竞争力。在产品和用户进行信息交换时，产品要尽可能缩减用户的点击数，并且减少用户的等待时间、简化产品的操作流程，这些措施会使用户感觉产品的操作简单方便，能大大提升用户对产品的好感度。常见的简化产品交互功能的方法有4种。

（1）简化产品功能

　　创业者要对产品的功能进行测试，产品的功能多种多样，能让用户对产品产生好奇心，但是太多的功能会让用户感到压力，尤其现在是信息爆炸的时代，人们习惯接收碎片化的信息，注意力持续时间较短。如果产品功能繁多，很可能会让用户失去继续探索的耐心。

　　所以，创业者在设计产品的交互功能时，应该将产品的功能简化再简化，保留产品的核心功能和特色功能，就能够满足用户对产品的需求了。当然，简化不是说功能越少越好，而是同一功能所需要的操作越简单越好。

比如用户网上交话费时，只需输入号码、选择充值金额，就可直接完成缴费。这个简化的流程背后的种种操作必然是复杂的，但这些操作不需要展示在用户面前。用最简单的操作达到最满意的效果才是用户最想要的，至于中间复杂的过程需要创业者在设计产品功能时帮用户隐藏起来。

很多支付平台都有提供充值话费与流量的服务，但是中国移动推出的公众号在此基础上增加了快捷查询套餐和推送最新活动的功能，这是根据平台定位衍生的独有优势。因此，简化产品功能的重点在于明确产品定位，舍弃不相关的功能，保留有核心竞争力的功能与特色功能，并确保用户在使用过程中的每一步操作都被简化到极致。

（2）缩短所需时间

用户在使用产品时，从初次使用到熟练使用需要花费一定的时间。所以，如果产品在设计时能够压缩用户所花费的时间，就能有效提高产品的竞争力，从而吸引更多的用户来使用产品。

另外，除了缩短用户适应产品的时间，创业者还需要将产品的核心功能较为明显地展示出来。这样既能够让用户快速适应产品的操作方法，又能够向用户展示产品的核心功能。

时下兴起的美颜相机软件功能强大，一键美颜与各种照片滤镜能够在用户拍完照片的一瞬间完成修图。用户不需要将照片导出后再用修图软件修图，也不用学习复杂的修图技能，甚至不需要化妆，这极大地缩减了用户得到一张美图花费的时间。

在同样缩短获取美图的时间的基础上，不同美颜相机软件之间的区别就是它们独有的滤镜、效果库存和各自的性能。在用户点进图库选择时便能比较出不同美颜相机软件的特色与风格，从而选出一款自己最心仪的软件。

（3）减少过度包装

过度的包装会使用户对产品产生一种华而不实的感觉，降低产品在用户心目中的好感。大部分产品的功能设计还是以实用为主，过度的包装不仅会增加产品制造的成本，还会降低其在同类产品中的竞争力。如果产品包装精美华丽，而产品内在的功能却毫无优势，用户会认为这个产品的性价比比较低，可能会转而去选择性价比更高的产品。

（4）强调功能逻辑

产品的功能逻辑对产品的极简设计也十分重要。完整、清晰的功能逻辑结构能够让产品的内在结构变得清晰简单，减少用户使用产品的操作步骤，使用户获得更好的使用体验。

所以创业者在进行产品测试时，要强调产品的内在逻辑，让交互功能变得简单有效，以便获得用户的喜爱。如同食物应在餐厅购买，文具要到文具店里选购，建立清晰明确的终端指向，能够确保用户的每一步操作都能达到应有的效果，且操作环节不受任何其他因素干扰。

4.3　敏捷迭代：以用户需求为核心，循序渐进

产品被研究和设计出来并不意味着它就可以进入市场。在产品被市场和用户彻底接受之前，创业者还需要对产品做进一步的修改和完善，即产品的敏捷迭代生产。这一过程是每款成功产品的必经阶段，经过产品的敏捷迭代生产，产品的性能等要素才更容易被市场和用户接受，成为同类产品中的佼佼者。

在产品的测试环节，创业者要将产品不断地进行优化和改进。产品的优化和改进都需要立足于用户的需求，所以在测试过程中，明确用户的需求是整个测试工作的核心。

一个刚出现的产品与真正的好产品还存在一定差距。虽然在产品面世之前，很多公司都经过多次调研，用很长的时间打造产品，满足了用户的需求，但实际上，真实的用户需求是在用户使用产品的过程中不断被发现和满足的，而且用户总会有新的需求。

也正是因为用户需求的变化，所以产品要不断更新，从有到优不断迭代。这时创业者要明白一个问题：产品的敏捷迭代应从用户的角度出发。创业者可以从用户本身和用户需求两个方面来分析用户对产品的需求。

创业者可以通过问卷调查、用户反馈、用户访谈等方法来获得用户的需求信息。这个时候，创业者所掌握的需求信息是非常多的，创业者需要考虑的是满足哪些用户的需求。

用户类型的选择要结合产品所处的阶段。如果产品处于成长阶段，产品的目标是获取新用户。在这个阶段中，种子用户的价值十分明显，因此，创业者要优先满足种子用户的需求。

如果产品处于成长阶段，即产品有了一定的用户规模，这时就需要创业者提升用户的留存率和活跃度。这个时候，创业者要优先满足主流用户的需求，具体操作如提升产品功能、优化用户体验等。

在确定了需要优先满足的用户需求后，创业者还要确定需求的优先级，因为公司的资源可能不能支撑创业者同时满足多种用户需求。要怎样确定用户需求的优先级？创业者要先进行用户需求分级。用户需求分为三个等级，即普通需求、期望需求、魅力需求。其中，普通需求是用户的基本使用需求，期望需求是用户希望产品满足的需求，而用户没想到的、产品带给用户的惊喜就是魅力需求。

创业者在进行产品的更新迭代时，优先实现的需求是那些强化产品核心流程、最大限度提升产品核心竞争力的需求；其次优先满足的需求要和商业目标相契合，以保证产品的可持续发展。

产品进行敏捷迭代生产是一个循序渐进的过程。创业者要先明确产品的现状，只有明确了产品在用户心中的接受程度和使用情况，才能全面了解产品的现状，为下一步的产品迭代过程做好准备。

在前期产品研发完成后，创业者会积累一些产品研发推广经验，无论是对市场的把握还是对用户需求的抓取都有了一定的基础。如果前期产品在投入市场后获得了市场和用户的认可，那么其成功的经验就能够为产品的进一步迭代提供借鉴。如果前期产品推广失败，创业者就要思考是哪个环节出现了问题，并积极地解决问题。对于要不要再做一款新产品这个问题，创业者可以结合自身的条件来仔细地考虑和规划。

在明确了产品的现状后，创业者要对产品的现状进行分析和挖掘，从中找出产品在各个方面存在的优势和缺陷，以便在产品迭代生产中有针对性地改进和完善产品，推动产品迭代工作有条理、有计划的完成。在制定产品的敏捷迭代方案时，创业者需要遵循以下几个原则。

（1）保证敏捷迭代方案的可实施性

产品敏捷迭代方案的制定是为了解决产品在迭代生产中的问题，敏捷迭代方案在实际生产过程中要发挥有效作用。所以，在制定产品的敏捷迭代方案时，创业者需要保证其具有可实施性，让产品的迭代过程有目标并且能够顺利进行。另外，创业者在制定敏捷迭代方案时，可以设置一些可视化的数据指标和要求，要求参与计划的员工按照数据指标来工作，这样能够有效保证员工工作的准确性。

（2）结合实际情况制定敏捷迭代方案

在制定产品的敏捷迭代方案时，创业者需要结合实际情况，将产品的现状、问题产生的原因及未来的发展趋势等因素都考虑进去，从而制定出有针对性的敏捷迭代方案。

一方面，创业者在制定产品的敏捷迭代方案时，需要深刻理解用户的需求，了解产品的哪些功能和特性是受用户欢迎的，同时产品的哪些缺陷是用户不满意、需要改进的。因此，创业者在制定产品的敏捷迭代方案时，要将用户满意的产品优势延续下去，同时根据用户需求有针对性地改善产品存在的问题。

另一方面，在"互联网+"时代，产品市场瞬息万变。如果创业者在产品迭代过程中能够精准预测产品上线时间，就能够及时满足用户的需求，从而大大提高产品成功面市的概率。

以电影市场为例，每年电影发布和上映的时机选择都至关重要。大制作的电影大多会选择暑期档和跨年的时候上映，原因就在于在这两个时间段内，用户观影的需求相对较大，观影人数较多，更容易拉高电影的票房。

所以，在制定产品的敏捷迭代方案时，创业者不仅需要关注用户的需求，还要对市场的发展趋势进行评估，把握新款产品投入市场的时机，以便新款产品更加顺利地进入市场。

（3）注意敏捷迭代方案中的细节

细节决定成败，有时候一颗马蹄钉就能决定一场战役的输赢，因此，创业者在制定产品的敏捷迭代方案时，要特别注意其中的细节性问题。在产品的迭代生产中，实现颠覆性的微创新是其最重要的目标，所以，创业者在制定方案时需要紧紧抓住这一目标，积极调整产品的细微之处，注重产品的细节性问题，以保证产品顺利完成迭代和更新。

在产品的敏捷迭代方案制作完毕后，创业者还需要评估方案的效果。评估方案效果是优化用户体验的最后一个过程，也是决定产品微创新效果的重要因素。在这一过程中，创业者应认真对方案效果做出全面、细致的评估。

在评估方案的过程中，创业者可以先设置评估的标准，根据各项标准对方案进行评估。在设定评估标准时，创业者可以从方案的实际操作性、方案的详细程度、方案的实施效果和影响三个方面入手来设置评估方案的标准。

在评估方案时，创业者可以借助科技手段对方案进行效果评估。例如，在产品迭代的研发设计中，创业者可以利用大数据手段做出产品的数字化建模，以减少产品研发失败的次数，节省产品研发的成本。

在对方案效果进行评估时，创业者需要考虑多方面的意见。创业者需要收集产品设计研发人员、营销人员、推广人员的意见，综合分析不同员工的意见。同时，创业者还要详细了解产品市场和目标用户的情况，从多方面出发评估方案的效果。

创业者对方案的效果进行评估后，就可以根据评估结果判断此方案的可行性。如果方案可行，创业者就可根据此方案在现有产品的基础上进行微创新，来研发新一代的产品。如果方案经过评估确定存在一定问题，就需要创业者仔细分析方案存在问题的原因，然后再对方案进行调整。

总之，创业者要认真、细致地评估敏捷迭代方案的效果及可行性，确定方案确实可行之后，才能依此方案研发新产品。创业者不能为了追求产品的更新速度而盲目进行产品的更新迭代。

在移动互联时代，互联网公司都追求又好又快的发展，只有产品的设计方案好、更新迭代速度快，用户才能够获得更好的使用体验。小米在MIUI系统的迭代过程中，做到了以用户需求为中心，根据"米粉"的反馈进行敏捷迭代，最终小米手机的功能越来越好，销量也越来越高。小米是如何根据用户需求来进行产品的敏捷迭代的？

　　首先，小米建立了米柚论坛，它是小米发烧友的集结阵营。小米的每一位用户只要有任何想法或者独特的意见都能够在论坛上发表。

　　如果某一位用户的建议合理，那么众多的发烧友就会把帖子顶起来，这样小米的工程师或者管理人员就能够优先看到。如果用户的想法不靠谱，其他用户的观点很快就会覆盖这个观点。总之，米柚论坛是一个言论自由的地方，在这里，言论遵循优胜劣汰的法则。在言论优胜劣汰的过程中，用户能够以最快的速度得到回应。

　　米柚论坛的建立对小米的设计人员有很大的帮助。米柚论坛每天会自发产生20多万条帖子，小米会设置专门的运营人员归纳处理这些帖子。运营人员会从成千上万的帖子中分门别类地提取出200个最有价值的帖子，再将这些信息分到各个部门，让专业的工程师去解答。凡是被选中的帖子，后面都会有跟踪。例如，哪一名工程师在处理这个帖子，帖子是否被采纳，如果被采纳，什么时候能够改好等跟踪信息。

　　此外，小米鼓励全体工程师积极"泡"论坛。因为工程师与用户直接接触，能够体会到用户最真实的想法。有些发烧友言语干脆果断，有些发烧友却优柔寡断，还有些发烧友能够直击问题的本质，让工程师看到设计存在的种种弊端。这些言论有时能够给工程师带来启发。

　　另外，工程师真正地跟用户沟通，更容易感受到事情的轻重缓急，知道什么设计工作最重要，什么设计工作用户最喜欢。这样，他们在设计的时候也会更有侧重点和方向感，而不是闭门造车。

　　其次，小米手机上专门设置了一个名为"用户反馈"的软件。借助这一软件，小米能够获得更丰富的信息。相对于米柚论坛，"用户反馈"软件更适合普通用户使用，因为这个反馈软件用起来十分方便。在用户反馈形式方面，小米把语音功能和互联网服务效果结合起来使用。当用户口头无法清楚表达问题时，只要借助截屏功能，把手机存在的问题发送给客服人员，客服人员就能够立即理解，这方便了用户及时反馈产品信息。

最后，小米还会通过互动服务模式来了解用户的需求。例如，小米每两周就要去一座城市和"米粉"展开互动。开"米粉"会能够最大限度地拉近设计人员、管理人员与"米粉"之间的距离，便于彼此之间的交流。

通过以上三种形式，小米能够多方面了解用户的需求。在获取用户的需求信息后，小米就可以根据用户的反馈不断对产品的功能进行更新迭代。

总之，优化用户使用体验，进行产品的敏捷迭代生产是十分必要的。同时，在进行产品的敏捷迭代生产时，创业者要以用户的需求为中心，因为满足用户需求的产品才是有价值的。

4.4　局部测试：部分用户参与，快速反馈

产品在设计完成后，创业者接下来的工作就是对产品进行测试，通过测试检验产品的效果。产品测试一般分为两个方面，一方面需要产品研发人员对产品的功能进行测试，另一方面需要部分用户进行产品的使用测试，以此来了解用户对产品的满意度。

产品设计完成后，首先要经过产品研发人员的测试。产品测试过程可

分为硬件测试和软件测试两个方面。硬件测试的目的在于检验产品是否满足系统需求和符合硬件设计。这类测试是诊断性的，可发现产品的严重问题并加以改进。软件测试通常是用样品来完成的，通过测试产品的实际使用效果来发现产品潜在的隐患，以促进后期产品的优化改善。

硬件测试主要是指硬件产品的测试工作，硬件测试的内容包括以下几点。

① 测试人员需要测试产品的功能、性能和应用，检测其是否达到设定好的要求。

② 测试人员需要根据要求进行测试需求分析。

③ 测试人员需要反馈缺陷和问题，撰写测试报告。

④ 测试人员需要参与产品的改进与生产制造，与研发团队有效沟通产品的测试和品质等问题。

硬件测试是产品从研发到生产的必经阶段，决定了产品质量的优劣。对于创业者来说，把握好产品的质量决定了该产品在市场上的强劲竞争力。硬件测试就是测试人员从用户的角度出发，严格检查产品的功能、性能等，体验用户的使用感受，不断改善产品以提高产品的市场竞争力。

软件测试能够识别产品开发完成软件的正确度、完全度。软件测试包括验证和确认两部分内容。验证保证软件能正确地实现一些特定功能，并达到所期望的效果。确认包括一系列活动和过程，目的是证实软件的逻辑正确性，保证软件用正确的方式做一件事。

在软件测试过程中常用的方式是黑盒测试，也叫功能测试，通过测试检测每个功能能否正常使用。测试中把测试对象当作黑盒子，不考虑其内部结构和处理过程，在程序接口进行测试，检测程序是否能适当地接收输入数据而产生正常的输出信息。软件测试能够确定产品的质量，是及时发现并纠正错误以及产品正常运行的保证。

创业者需要注意的是，测试结果并不是立竿见影的。为了更好地了解产品的性能，创业者需要制订一个较为长期的计划，在这段时间内，创业者需要记录测试中产品的问题以及意外情况，并对此作出总结与分析。

创业者应组织产品研发人员设计详细的计划，明确测试范围、测试方法和对测试进度的安排。样品测试计划中应该明确所测试项，要涵盖产品应该测试的所有功能和性能要求。同时，创业者制订计划时应考虑测试出现问题时的解决方法，如何止损以及下一轮测试应如何展开等。

在产品经过几番测试和改进，确定产品的功能趋于完善之后，产品便可进入局部测试阶段。一般来说，产品在设计完成后都要经过局部测试，让产品先接受一部分用户的检验。通过这样小范围的测试，创业者可以进一步发现产品的优势、缺点以及可改进的方向，根据这部分用户的反馈快速完善产品。

产品的研发人员对产品的细节可能会存在一些疏忽之处，即使反复模拟用户需求，评估产品效果，仍然无法保证产品对用户的吸引力能达到预期。在这种情况下，局部测试可以较为客观地展现产品的竞争力和产品在目标市场中的处境。在产品未正式上线时，目标用户的测试结果能够准确反映产品优化的方向，减少不必要的损失。

例如，游戏运营商在推出一款游戏之前，都会有一个删档内测的过程。在这个阶段，游戏运营商会发放少量激活码，领取到激活码的用户大多是此前便关注游戏的准用户，他们给予的反馈在一定程度上可以反映游戏内容符合玩家预期的程度。游戏运营商可以通过这种小样本数据及时发现游戏的不足并及时完善，提高游戏的质量和竞争力。

另外，局部测试还可能发现产品的潜在用户，这些用户起初对产品的使用意愿并不高，但在参与局部测试之后最终选择使用该产品。

在产品经过用户的局部测试之后，创业者要搜集并分析用户的反馈，如果用户的反馈中显示出了产品的缺陷，创业者就要组织产品研发人员对产品进行完善。同样，被完善之后的产品还要经过产品研发人员的功能测试和用户的使用测试，只有当产品在用户测试中获得较高满意度时，创业者才可将产品推向市场。

如果新产品能够在与市场中其他产品的竞争中展现自己的优势，并成功存活下来，就说明用户对该产品是认可的。新产品成功上市并且受到用户的认可，不仅会大幅度提升品牌的知名度，还会让公司获得更多的收益。

4.5 改进优化：以深化代替强化

产品正式上市后，创业者接下来的任务就是改进和优化产品。在对产品进行改进优化的时候，为了让产品更符合用户的心意，创业者在分析产品时，需要分析产品现状、用户反馈和市场环境三个方面。

（1）**产品现状**

产品现状是指产品在投入市场之后的情况，如产品在市场上的占有率、用户对产品的接受程度等。创业者通过对产品现状的分析，能够了解产品在市场中的反响以及产品在市场中的竞争力等。创业者掌握了产品的现状后，能够更有针对性地优化产品的用户体验。

（2）用户反馈

创业者需要明确用户使用产品的体验，了解用户对产品的哪些方面感到不满，用户反馈可以帮助创业者很好地收集这些信息。

用户反馈分为数据反馈和用户主动反馈两种类型。数据反馈可以通过综合后台信息反映出来，而用户通过微信公众号、应用程序等主动反馈的信息比较复杂，需要创业者仔细筛选。

在筛选完重要的用户反馈后，创业者需要对用户反馈做出分析与总结，统计用户对产品的建议和要求，以便创业者根据用户的需求有针对性地优化产品。

（3）市场环境

创业者在对产品进行优化之前，要认真分析市场环境，尤其是市场上同类产品的市场占有率及特点等，同类产品在市场上的发展现状也影响着创业者对自家产品的优化。

如果市场中已经存在很多十分具有竞争力的同类产品，自家的产品并不具备竞争优势时，创业者在产品优化的过程中就要注重打造产品的差异性。例如，创业者可以选择产品的一项功能，着力发展这一项功能，力求将这一项功能做到极致。这样，产品就会因这种差异性而更具竞争力。

在对产品现状、用户反馈、市场环境三方面做出综合分析后，创业者便可以进行产品的优化工作了。一般来说，产品优化的方向有三类：提升产品功能、提升用户的使用频率和提升用户的使用比例。

（1）提升产品功能

提升产品功能的前提是用户认可该产品的功能。在用户认可的基础上，依据用户反馈对产品进行优化，能够有效提升用户的满意度。

支付宝几乎是全民都在使用的手机支付软件，除了收付款功能，它还推出了"蚂蚁森林""蚂蚁庄园"等互动性极高的与收付款存在关联的小应用。

根据"蚂蚁森林"的规则，用户的每一笔交易会产生相应的"能量"，如果用户长时间不收取"能量"，"能量"便会消失，同时，"能量"也有被好友"偷走"的风险。随着"能量"的积累，小树苗会长成参天大树，这时，用户就可以在现实生活中种下一棵树。"蚂蚁森林"的活动不仅有一定的趣味性，还起到了全民做公益效果。

在用户认可的基础上，支付宝不断完善"蚂蚁森林"的游戏规则，道具变得更加多样，画面也更加丰富。比如在用户的森林画面中会出现已经成功在现实中种下的树木的卡通形象，用户种的树越多，画面中的小树就会越多。用户认领自然保护领地也会有小路和湖泊的画面，每逢节日或纪念日，用户会收到可爱的小树卡通挂件等。支付宝尽可能地完善"蚂蚁森林"，刺激了用户更频繁地使用此功能。

（2）提升用户的使用频率

提升用户使用频率的目的在于留住用户，使用户对一个功能的使用频率从不定期一次提升到固定频率甚至是一天多次。

很多手机软件都有签到功能，因为签到意味着打开软件，打开软件，用户就有可能使用软件，这对商家来说是非常有利的。但是如何吸引用户进行操作？很多软件的选择是设置积分商城。

签到可以获取积分，积分可以兑换商品，这对用户来说其实是免费的午餐。价值越高的商品所需的积分也越多，这会激励用户想方设法获取更多积分。例如，激励用户连续签到，浏览积分商城中五花八门的商品等。

（3）提升用户的使用比例

用户最初开始使用产品可能是因为看到了产品的某个闪光点，但很少有用户会主动研究产品的其他功能。为了引导用户更全面地使用产品，了解发现产品更多的功能，增加功能之间的联动性是至关重要的。

如果用户在产品的A功能逗留时间较久，通过在A功能的任务中提供B功能的奖励，便有可能引导用户去使用B功能。这种联动不仅可以用在同一产品的不同功能中，还可以用在同一公司的不同产品中，甚至是不同公司的不同产品中。

如使用支付宝在支付完成后可获得花呗的红包，使用花呗红包则需要开通花呗功能。同样，支付宝的积分可以兑换淘宝的优惠券，以及飞猪、去哪儿旅行等软件的新用户福利，用户要想使用这些优惠券，就需要下载相应的手机软件。这大大增加了用户使用其他产品的可能性。

在产品开发初期，产品的目标用户是较为清晰且固定的。而产品上市后，创业者需要拓展用户领域，为产品未来的发展做准备。很多产品都会在巩固现有用户群的基础上，用高额奖励激励用户完成"分享到社交平台"或"邀请新用户"的任务，以此来吸纳新的用户。

在已经确定产品的方向后，创业者不仅要将产品的推广保持在预先确定的轨道上，还要深度挖掘产品的核心及用户价值，包括从交互界面、用户的视觉及操作体验等方面进行全面的优化，精确到每个细节，从而进一步向用户明确产品的定位。

创业者要想让产品满足用户和市场的需求，需要付出多方面的努力。创业者每一次决策、实施的每一个计划都会对产品未来的发展产生深刻影响。因此，创业者要认真细致地做好每一步的工作。创业者应牢记，产品上市并不等于万事大吉。时刻关注用户需求，以产品价值为导向不断更新产品才是取得成功的关键。

>>> **第5章**

与核心用户沟通：
建立种子流量池

核心用户是公司营销时应该重点关注的对象。创业者想经营有道，就要通过各种渠道拉近公司与核心用户之间的距离，并建立自己的"流量池"。建立"流量池"的目的是使流量得到更有效的转化，同时借助核心用户的力量找到更多用户。

5.1 核心用户挑选

核心用户是公司最大的利益输送者，打造品牌的关键一步就是从大量用户中挑选核心用户。如何挑选核心用户？这需要公司在与用户接触的过程中，识别用户的基本资料，建立用户信用档案，分析和评估用户在交易历史中的贡献度并排出先后名次。

此外，公司还需要根据经营情况制定活跃用户标准，在活跃用户清单中选出贡献度最高的20%，将其作为公司的核心用户。

在建立初期，Keep的宣传推广经费十分有限。于是，Keep在微博上做了一个名为"Keep移动健身教练寻找首席体验官"的活动，成功招募到了最初的300个内测用户。

该活动后来被"肌肉男训练营"这个账号转发，而这个账号的粉丝主要由健身达人和健身爱好者组成，与Keep的用户定位非常匹配。因此，Keep从这个账号的粉丝中挑选了300个活跃度最高的成为其核心用户。通过核心用户的传播和推广，Keep越来越被大众所了解。

公司挑选核心用户的目的主要有三个：一是便于公司收集、归档核心用户的信息，建立核心用户数据库；二是公司可以对核心用户进行分析和评估，便于对产品进行调整；三是公司可以有针对性地提高核心用户对产品的忠诚度，保证其长期的活跃度。

创业者要想准确挑选核心用户，就必须知道公司与用户之间的关系。另外，创业者必须对核心用户进行差异性分析，内容要涵盖核心用户的种类、需求和价值取向。在此基础上，创业者可以对产品进行优化和改进，提高核心用户的满意度和忠诚度。

寻找革新者也是一些公司在创业初期挑选核心用户的方法。简书的CEO曾说自己的第一批用户是从推特上一个个拉来的。这些人普遍具有独立思考能力并对创新和尖端科技抱有极大热情，这些人最有可能成为革新者。他们有写作能力，热爱创新，走在潮流的前沿，与简书的核心用户定位非常匹配。推特上的国内用户很少，当这些用户在推特上收到一个来自国内创业公司发出的产品试用邀请时，会有一种惊喜的感觉。他们会觉得这个产品的研发者和自己志同道合，从而对产品产生兴趣。

另外，创业者还可以主动出击，通过一些活动来吸引更多的用户成为核心用户。因此，创业者在挑选核心用户时，可以以产品为中心，为自己的产品打造卖点，让自己的产品更有吸引力。

在公司的发展过程中，挑选核心用户可以说是永无止境的，这与市场环境的瞬息万变分不开。公司的许多变动都会导致核心用户流失，如管理人员的离职、产品架构的调整、特权福利的更改等。这些变动大多是公司发展过程中必经的，所以创业者应该用发展的眼光看待核心用户。

随着公司经营思路的变化，过去的核心用户可能不会保留至今，而过去对产品没有兴趣的用户则可能成为新的核心用户。所以，创业者在调整公司生产经营思路时，应该根据公司的不同发展阶段对核心用户进行调整、补充。

一般来说，核心用户与产品定位是高度匹配的。未来，这些核心用户有希望长期使用产品。当公司聚集了大量的核心用户时，种子"流量池"便出现了，产品的销售也会更顺利。

5.2　活跃度设定规则

活跃度是指在一定时间内，活跃用户量占用户总量的百分比。按照时间，活跃度可以分为日活跃度、周活跃度、月活跃度等。转化一个用户的成本大约是活跃一个用户的成本的3~10倍。正因如此，用户的活跃度对于公司经营来说才显得至关重要。

在提升用户的活跃度方面，今日头条的秘诀是个性化推送。用户体验是影响活跃度的一个重要因素，而推送无疑是会打扰用户，影响用户体验的。但是今日头条将推送的频率和内容个性化，在满足用户需求和保证用户体验之间实现了平衡，提高了用户的活跃度。

一个合理的活跃度规则不仅可以让用户更活跃，还可以增加潜在的活跃用户。以大家都熟悉的QQ群为例，按照用户的发言频率，QQ群将用户分为潜水、冒泡、吐槽、活跃、话唠、传说等类别，分别与LV1~LV6等级相对应。

由此可见，公司也可以根据自身情况设置不同的活跃度规则，为用户打上相应的标签。例如，按照活跃度等级区分出机会用户、一般用户、基础用户和核心用户。其中，核心用户是创业者需要重点关注的群体，因为他们最可能为公司带来效益。

什么样的活跃度规则能让公司在准确区分用户的同时，进一步提高用户的活跃度？这个问题可以通过阿里旺旺的卖家版为例来进行解答，如表5-1所示。

表 5-1　阿里旺旺的活跃度规则与奖励

等级	最大好友数/个	每日添加好友数/个	给不同的陌生人发消息的时间间隔/秒	添加好友需要的时间间隔/秒	可创建的"旺旺群"数/个
未激活	10	5	60	60	0
用户等级＜5级	256	20	15	15	0
5级≤用户等级＜9级	256	20	15	15	1
用户等级≥9级	1024	无限制	无限制	无限制	2

阿里旺旺是卖家与买家在淘宝上沟通的唯一渠道。卖家能添加的好友数、发消息以及添加好友的时间间隔等因素，都直接影响着与买家的沟通效率。

卖家消息回复得越快，越能提升买家的好感度，反之则会造成买家的流失。同时，卖家创建"旺旺群"可以聚集更多的买家，形成粉丝效应，从而提高回头客的数量。

阿里旺旺的活跃度规则是把卖家的活跃度高低与利益直接挂钩。卖家的活跃度越高，获得的回报越高，获得的权限和优惠也越多。这极大地激发了卖家的积极性，进而想方设法地提升自己的活跃度以获得更高的回报。

这样一来，卖家的等级就显得十分重要。通过分析等级，阿里旺旺可以发现哪些卖家的活跃度高、信誉状况好。然后，阿里旺旺就可以增加这些卖家的曝光率，给予其更多的福利，从而吸引更多的卖家努力提高活跃度。

因此，对于创业者来说，设置合理的活跃度规则十分重要。这不仅可以为用户分类，使公司获得更细致的用户数据，还可以充分激发用户的活跃度，提升用户的价值。

5.3 粉丝群运营

粉丝聚集在一起会形成粉丝群，创业者要想管理好粉丝，就要学会运营粉丝群。创业者需要通过运营粉丝群让粉丝逐渐增多，最终达到让粉丝自发推广产品的目的。

在这方面，小米是一个典型代表。小米在建立之初并没有设立实体店，而是在微博、论坛等平台发布信息，以此聚集起来"米粉"这样一个粉丝群。

小米面向粉丝进行内测，根据粉丝的建议修复漏洞，提高粉丝在产品研发中的参与度。这些活动使粉丝有一种自己参与了产品制造的感受，会对产品产生一种情感上的认同。小米也因此极大地提升了粉丝的黏性，逐步建立了品牌。

运营粉丝群的目的是让独立的个体聚合成整体，以发挥更大的能量，达到1+1>2的效果，最终使公司获得更丰厚的利润。公司经营得好，粉丝也会得到更多的回报。一些公司会向粉丝群发放影视会员、家用电器等小礼品，受到了粉丝的热烈欢迎。当粉丝从粉丝群中得到了切实的利益以后，粉丝群的凝聚力也会大幅提升，公司的品牌影响力便可以得到长远发展。

如何设置粉丝群规则是创业者必须思考的问题。规则在一定程度上限制了粉丝的自由，降低了粉丝之间交流的积极性以及粉丝群的活跃度。但是如果没有规则，粉丝群的环境会受到很大影响，如出现大量的广告和低质量内容等。这会降低粉丝体验，损害粉丝群的发展。因此，找到规则与自由的平衡点是经营粉丝群的一个至关重要的环节。

正和岛就构建了一种平衡体系，以粉丝群为一个大平台，下设多个小平台并赋予其自主管理的权力。在正和岛，大平台管理小平台，小平台管理更小一级的平台，这样层层连接，从而实现粉丝群的高效管理。这种平衡体系可以保证管理不会过于僵化，也能够让每个层级的粉丝都拥有最大限度的自由。

除了设置规则以外，对粉丝进行个性化管理也是提升粉丝群价值的方法。创业者可以按照粉丝的入群年限、活跃度、兴趣爱好、职业、财力等因素，制定有针对性的策略，提升转化率，为公司创造更多的价值。

对于创业者来说，粉丝群的存续性是一个难题。例如，有些公司由于后期经营不善，在初期繁荣过后便急速衰落，粉丝群变成"僵尸"群。因此，让粉丝群在后期也保持一定的活跃度十分必要。创业者可以定期或者不定期组织一些线上活动和线下活动。

（1）组织线上活动

因为粉丝群本身就是基于互联网而诞生的，属于一种线上群体，所以十分适合开展线上活动。

为了让粉丝更有参与感，充分激发粉丝的积极性，创业者可以将线上活动的组织工作交由粉丝负责，并积极询问粉丝的想法，让粉丝提供不同的创意。这样能够丰富线上活动的内容和形式，让线上活动更有吸引力。

（2）策划线下活动

除了线上活动以外，创业者还可以举行线下活动，为粉丝提供沟通、交流的机会。一般来说，策划一场线下活动会涉及人力、物力、场地、资金、嘉宾等众多方面，而这也正是考验粉丝的机会。如果粉丝能顺利解决线下活动中所涉及的问题，创业者可以考虑将粉丝群的管理工作交由该粉丝负责，以便减轻自己的压力。

除了上述提到的方法以外，提高粉丝群活跃度还有非常关键的一个要点，那就是粉丝群本身的价值。显然，粉丝群的价值越高，越容易吸引到更多的粉丝。对于粉丝群中举行的各种活动，参与的粉丝也会越多。在这种情况下，粉丝群的活跃度自然就提高了。而没有价值的粉丝群会随着粉丝的增多以及时间的推移出现灌水现象。这会让有追求的粉丝选择离开，最终，粉丝群失去活跃度，甚至解散。

为了避免这种危机，创业者应该向粉丝群输送有价值的内容，如领域达人的最新言论、行业的最新研究成果等。当然，创业者也可以将分享工作交由粉丝负责，但在此之前要制定分享规则。为了提高粉丝群的活跃度，创业者可以规定，一个粉丝在分享内容时，其他粉丝不可以随意发表自己的看法。

为了使粉丝群获得更好的发展，创业者可以挑选一些忠实粉丝作为KOL，用他们的影响力带动产品和公司的影响力。KOL即关键意见领袖，一般是指知名度高、号召力强、高活跃的核心用户。通常而言，KOL虽然数量比较少，但是影响力与贡献非常大。因此，优秀的KOL对于粉丝群的维护极其重要。

KOL的价值表现为能够提高运营效率。公司进行产品运营的目的在于拉新、促活和转化。如果KOL加入粉丝群，不仅能够吸引大批粉丝参与活动，还可以通过互动实现粉丝的快速增长。

例如，猫扑和天涯社区的网红就是早期的KOL，他们对于活跃社区、维护粉丝的活跃度有很大作用。每位KOL都像一位将领，他的粉丝如同他的兵。总之，KOL的一言一行能够影响粉丝的行为，只要有KOL存在，粉丝群就会屹立不倒。

那么，创业者应该如何挖掘KOL？一般有两种，分别是外部邀请和内部培养。这需要创业者根据产品定位和用户定位来选择。

创业者在确定KOL的目标人选后，可以让员工去邀请，或者凭借利益关系去邀请。知乎就是利用外部邀请的方式获得了早期的KOL。知乎不仅邀请了知名人士入驻，还邀请了一些草根明星入驻，并鼓励他们积极贡献优质内容。这些KOL的入驻为知乎带来了一批优质粉丝，也成功维护了知乎的种子粉丝。

内部培养KOL的方式在论坛和社区比较常见。其实每一个社区或粉丝群都不乏KOL，他们个性鲜明，辨识度非常高。因此，创业者要根据粉丝发布的内容及时了解他们的习惯与特点，以便发现活跃的或个性鲜明的粉丝，并在运营中对这些粉丝做资源上的倾斜，使其获得高曝光率，促使其活跃。这样，这些粉丝就会发布更多优质内容，逐渐形成个人影响力，成为粉丝群的KOL。

知乎在KOL运营方面极其成功。一方面，知乎积极编辑、推荐优质作者的回答，使其上热门，或将回答推向公众号，从而获得更多曝光。对于作者来说，最幸福的莫过于获得更多的读者。知乎的这种做法能够提升作者的知名度，使其逐渐成为某一领域的KOL。

另一方面，知乎还会举办线下活动，邀请一些知名作者参加。这样不仅可以优化KOL运营的效果，还可以增加粉丝对知乎的认同感和归属感。

在确定了粉丝群的KOL之后，创业者要通过各种方法提升其影响力，以此来吸引更多的粉丝或培养更多的KOL，从而使粉丝群不断发展和壮大。

粉丝群是种子"流量池"的一个初期雏形。虽然粉丝并不都是核心用户，但粉丝却是最容易成为核心用户的一类人。

5.4　积分体系绑定内部特权福利

用户激励机制的核心是让用户主动投入时间、金钱与精力，目标是增加用户对产品的刚需，提升用户的消费体验。创业者使用积分体系绑定内部特权福利的方式能够有效地激励用户。

在具体操作上，创业者可以通过设立积分、建立等级制度激励用户，也可以通过图文功能的完善优化产品介绍，满足用户的多元化需求。创业者还可以通过优惠活动吸引用户的关注，促使用户购买产品。

创业者要建立合理的签到积分制度激励用户，提高用户的活跃度，最终刺激用户消费。签到领积分一旦成为一种习惯，种子用户就会逐渐沉淀为优质的忠实用户，有利于公司获得持续的盈利。

饿了么APP就设置了合理的签到积分制度。依靠每周7～14元的免费现金优惠特权，饿了么APP有效激发了用户的积分签到行为。这种做法有利于将原有的种子用户转化为忠实用户。

另外，饿了么APP瞄准的是青年用户，这些用户对新鲜事物的接受程度比较高。通过有趣的活动和极富吸引力的特权，饿了么APP获得了青年用户的持续关注。

激励用户的核心是满足用户的刚性需求、提升用户的使用体验。具体来讲，就是通过优质的服务打动用户，使用户获得丰富、充实的体验感。正所谓"民以食为天"，"吃"是人们的刚性需求。随着社会的发展，人们越来越看重吃的品位。但现在缺乏一个专业的平台为人们提供最有价值的"吃食"指南。

在这样的需求下，"美食天下"小程序应运而生。它是一款专注为"吃货"服务的互联网平台，其建立的宗旨是"美食天下，让吃更美好"。

"美食天下"的创始人虞航有十分明确的经营理念。他曾经谈到："我的用户和我一样，刚上'美食天下'的时候也是刚毕业，刚有个地方可以做饭；几年后到现在，大家都已成家立业，有了小孩，生活水平提高，在社区中交流的不仅仅是做饭，更应该是学习美食的文化，提高对生活的追求。"

在具体的做法上，"美食天下"为用户提供了种类多样的美食知识。例如，"美食天下"的首页有菜谱分类、食材大全、专题活动、一周热门、人气菜肴、家常菜等不同专题，可以满足用户的多元化需求。

在这些独特的专题里，用户可以看到多种美食，可以通过专业的菜谱介绍来学习菜肴的制作方法。同时，"美食天下"还设有拍摄果蔬、搜菜谱的功能，方便用户查找菜谱。

"美食天下"的各种功能不仅便于用户使用，还能让用户吃得有特色、有品位。在这种情况下，用户的活跃度自然会提升。

"美食天下"在功能组件上添加了"健康养生"一栏，专门为用户提供科学的瘦身方法、食疗方法以及必要的健康饮食知识。这些都能够进一步满足用户对健康饮食的深层次需要，提高用户的参与度，最终达到激励用户的目的。

此外，"美食天下"设有"话题圈"功能，用户可以在网上交流讨论。用户讨论的问题是多元化的，包括美食的做法、自己喜欢的美食或人气餐厅等。这充分满足了用户的交流需求。

推出优惠活动是最简单、最有效的激励方式。"去哪儿旅行"利用这个方式达到了激励用户的目的。该平台的核心功能是帮助用户快速查询及预订各种车票、机票、旅游景点门票。

针对车票、机票、旅游景点门票，"去哪儿旅行"会在特定的时间段推出限时优惠活动，如"夜场特惠"活动、"开学季优惠"活动以及"愚人节特惠"活动等。这些优惠活动能够激励用户积极使用平台预订车票、机票、旅游景点门票。

设立积分体系能够很好地挽留用户。用户能通过不断增长的积分获得更多的福利，因而会长期使用或购买该产品，最终成为该产品的核心用户。利用这种长期活跃的核心用户建立起的种子"流量池"也会一直保持生命力。

5.5　制定反馈对接流程

为促进产品的二次推广，创业者要根据用户的反馈信息调整产品性能，提升使用体验。这就需要创业者制定反馈对接流程，高效收集并筛选出具有价值的反馈信息。只有这样，创业者才能通过提高用户满意度来促使用户自发推广产品。一般来说，反馈对接流程主要包括以下几个方面。

（1）收集用户的反馈信息

创业者首先要为用户提供明确的反馈渠道，如电话、邮箱、用户群（QQ群、微信群等）、公众号或微博等；其次，创业者要对用户的反馈信息进行筛选，争取找出最有价值的反馈信息。

用户的反馈信息一般分为两种：第一种是用户描述得很清楚的反馈信

息，这种反馈信息一般比较优质，创业者可以直接收集以备后期使用；第二种是带有抱怨性质的反馈信息，这种反馈信息比较复杂，数量也相对多一些，所以创业者要细致筛选。

（2）反馈信息整理

无效的反馈信息为产品的升级和改进提供的帮助非常有限。这些反馈信息必须经过整理才能发挥最大价值。创业者要过滤掉这些反馈信息，保留与用户需求密切相关的反馈信息。创业者在整理反馈信息时，要明确以下几个要素。

① 用户画像。创业者要充分了解用户的信息，如性别、职业、收入、文化程度等，这些信息与产品定位密切相关。例如，产品是高档奢侈品，用户通常会是高收入人群，所以反馈信息的整理和分析也必须围绕这类人展开。

相反，如果创业者分析低收入人群对这类产品的反馈信息，很可能会误导之后的工作。因为在低收入人群心中，高端奢侈品的价格比较高，所以他们的反馈信息一定是要降低价格。然而即使创业者降低价格，低收入人群很可能也不会主动选择消费高端奢侈品。由此可见，创业者一定要依据产品定位着重分析目标群体的反馈信息，忽略其他价值不高的反馈信息。

广州市的一家手表公司开发了一个名为"公司名表排名"的互联网平台。用户只要登录这个平台，就能够了解到多种多样的手表信息。这家手表公司的目标群体是高收入人群，所以在收集反馈信息时，特别重视这类人群的反馈信息，并根据这些反馈信息及时更新名表的排名以及价格。

实践证明，这家手表公司的反馈信息收集方法非常科学，也刺激了用户对产品的二次推广，最终促进了手表的销售。

② 用户场景。创业者需要明确用户提出需求的具体原因，用户想要产品具有怎样的功能。这有助于创业者从根本上发现问题，了解出现问题的原因。例如，产品出现了问题，了解原因之后创业者便可以对症下药，精准地对产品进行调整。这可以节省研发人员的时间，降低试错成本，更高效地完成产品优化。

③ 产品信息。创业者需要了解产品信息，知道用户使用的是哪个版本的产品。有一部分需求在新版本的产品中已经被解决，但用户没有购买新版本的产品，所以并不知晓。这些用户提供的反馈信息也是无效的，因为不具有时效性。

（3）反馈处理

创业者如何处理反馈信息关系着用户对售后服务的体验感，体验感的好坏决定着用户以后还会不会提供反馈信息。因此，对于用户的反馈信息，创业者一定要做到以下三个方面。

首先，当公司收到反馈信息时，要第一时间回应用户。例如，"您的反馈信息已经顺利送达，我们会及时处理。"这样可以让用户产生受到重视的感觉，以后会更认真地反馈产品问题或对产品的优化提出建议。

其次，处理反馈信息的工作人员与产品的研发人员一般分属于不同的部门，从收集反馈信息、整理反馈信息到确定开发计划、改进产品是一个较为长期的过程。为了避免突发状况打乱既定计划的现象，创业者要给各部门留出一定的处理时间，且不应该向用户透露具体的处理时间。

最后，在时间允许的情况下，创业者可以与用户进行沟通，了解用户对于解决方案的看法，明确用户的需求。这样可以让产品的优化更具有针对性。

总之，在处理用户反馈信息时，创业者一定要理性分析、严谨对待。创业者必须密切结合产品的定位及运营目标，筛选出最有价值的反馈信息，以此来优化产品。

创业者制定完善的反馈对接流程可以提升用户使用产品的热情和提供反馈信息的积极性，进而提升产品的质量。通过这样的良性循环，公司的用户会越来越多，产品的二次推广率也会越来越高。

>>> **第6章**

专家逆袭：完美不是目标，
　　　　信息才是

在某一领域能力出众的人通常被称为专家，他们往往有过硬的技术、丰富的经验和独到的见解。一个行业新人需要付出大量的时间和精力去学习、实践，才能接近专家的水平。这是一个长期的过程，但只要绕过弯路，掌握正确的方法，新人也可以快速成长。

6.1　从小白到专家差了多少个小时

创业者要想快速成为专家，必须把握行业趋势，并不断学习行业内的系统性思维、结构体系、理论知识、实用方法等。行业趋势是指行业内的基本情况、政策导向、未来发展等。能够了解和分析行业趋势是创业者成为专家的必要因素。

在了解和分析行业趋势时，创业者应该从以下三个方面入手。

首先，创业者要有全局观念，要从产业链的角度看待行业趋势。在产业链中，不同行业之间的联系十分紧密，一个行业的变动会对其他行业造成影响。

因此，创业者需要建立全局观念，要看到产业链中其他行业的变动，并分析其变动对自己所在行业的影响。全局观念能够帮助创业者准确地分析行业趋势，更好地抓住机遇或规避风险。

其次，创业者要从微观的角度来分析行业趋势，即根据用户的消费喜好、购物路径、支付方式等预测需求。现在，很多新产品或服务都是以用户的消费习惯为契机进入市场的。

以前的消费模式是以产品为主导，即公司生产产品，然后用户被动接受。而现在的消费模式是以用户为主导，即公司提供产品，迎合用户的需求。创业者从用户的需求出发逆向判断行业的发展，能够使自己的产品更受欢迎。

最后，创业者要分析同行业巨头公司的变化来洞察行业趋势。每个行业都有巨头公司，只要巨头公司在行业内有动作，那么行业内的其他公司也应做出相应调整。

创业者想快速掌握行业趋势，就要从上述三方面入手，了解用户需求的变化、产业链及巨头公司的变动。创业者还要关注行业报告、期刊杂志等，不断总结、梳理行业动态，以便更全面地掌握行业趋势，预测行业的未来发展情况。

此外，创业者还应该认真学习行业内容。随着互联网的不断发展，信息传播也逐渐变得碎片化，人们在车站里或地铁上都可以学习知识。在这样的时代背景下，似乎每个人都能快速成为专家。但事实并非如此，碎片化的学习只能让人变得更焦虑和浮躁，而且学来的知识大多是没有体系的。

当创业者准备在一个行业创业时，首先要建立本行业的知识体系，然后再根据这个知识体系提升自己的能力。这样的学习才是有效的，才能够让知识沉淀下来。

创业者需要学习的行业内容包括两个方面，分别是专业知识和实践经验。读书是创业者获得专业知识的主要途径。在读书时，创业者必须掌握有效的方法，不要试图掌握所有知识，依照二八定律，20%的知识能够解决80%的问题，所以创业者不要钻牛角尖，而要学会把宝贵的时间用在学习重要的知识上。

除了读书以外，创业者还要积极向专业人士请教。在与专业人士交流的过程中，创业者不仅可以掌握专业知识，还可以获得实践经验。在具体操作上，创业者可以通过拜访前辈的公司、组织行业聚会、参加行业会议等方式获得实践经验和人脉资源。

快速精通一个行业不是一件容易的事，创业者想要从小白快速变成专家需要付出很大的努力。但获得专业知识和实践经验是创业的保障，能够让创业者少走弯路，尽快取得成功。

6.2　自上而下：建立联盟，找到优秀同行

创业者想要找到优秀的同行，最好的方式就是建立联盟。联盟的作用主要是成员之间能够彼此赋能。在成员之间的讨论中，创业者能够获得经验或启发，并将其应用到实践中。

创业者想要建立联盟，首先要明确建立联盟的目的、定位联盟的类型。创业者要思考联盟能够给成员提供什么，这是联盟能够吸引成员加入的关键。联盟有不同的类型，如经验联盟、技术联盟、项目联盟等。

经验联盟是成员之间相互分享行业经验和新消息的联盟。经验联盟可以为创业者提供创业成功的经验以及创业失败的教训，这些都可为创业者所借鉴，帮助创业者有效规避创业路上的风险。

技术联盟是以交流行业技术为主的联盟。技术联盟里的成员会一起分

析最前沿的技术，预测技术短期或长期的应用方向以及讨论技术能够给行业带来怎样的变化。技术联盟能帮助创业者获得与技术相关的信息，了解技术的发展趋势。

项目联盟是以完成项目为目的建立的联盟，各成员是彼此合作的关系。在项目联盟中，有的成员提供技术，有的成员提供资金，有的成员负责管理。成员之间各司其职，共同完成一个项目。

创业者需要以自己公司的类型或公司发展的需求来确定所建联盟的类型。在建立好联盟之后，创业者可以先邀请自己认识的同行加入，然后再让同行邀请他们的朋友加入。通过这样的方式，创业者可以在短时间内扩大联盟，实现规模倍增。

创业者建立联盟的优势十分明显。联盟中的各成员都是同行业或相关行业的创业者，这些创业者可以互相分享自己的优势资源，实现公司之间的资源互补。同时，联盟的建立也加深了创业者和其他成员之间的合作，为公司的发展提供了更多机会。

对于想要快速积累经验、快速成长的创业者来说，建立联盟能够认识更多优秀的同行，积累更多的人脉资源。在同行的帮助下，创业者可以获得更多的发展机会，减少创业路上的阻碍。

6.3　给对方一个理由，拜访同行公司

为了快速获得经验，创业者要多与同行交流。如今，同行之间不只是

敌对关系，更多的是合作关系。只有行业内的公司共同发展，才能够扩大行业的市场范围，促进行业的整体进步。

对于创业者来说，和同行公司保持良好的关系非常重要。拜访同行公司其实是一种增进彼此之间情感的方式。创业者还能借鉴同行公司的经验，促进自身的发展。

为了能够更好地拜访同行公司，创业者要注意很多问题。创业者要明确拜访同行公司的目的并准备好相关材料，还要和被访者商议好拜访时间，并按照约定的时间准时赴约。

提前预约是商务拜访中最基本的礼仪。创业者可以通过打电话、写邮件的方式向被访者预约拜访时间。在预约拜访时间时，应该以不干扰对方的正常工作为前提。没有预约就贸然拜访是非常不礼貌的行为。因此，如果创业者有很重要的事情需要临时拜访同行公司，一定要在第一时间向其表达歉意，并解释清楚原因。

在确定好拜访时间后，创业者可以在前一天或是当天再次与被访者确定相关事项，以防止被访者临时有事不在公司。创业者必须准时到达对方的公司，最好比原计划提早5分钟到达。

在拜访同行公司之前，创业者要确认自己的仪表，包括着装和仪容。得体的着装和完美的仪容能够给被访者留下一种精明干练的印象，从而大大提升对方的好感度。

在拜访过程中，礼仪问题也是创业者需要注意的。如果被访者临时有事，需要创业者暂时等待，那么创业者就可以在接待人员的安排下在会客厅、会议室或前台耐心等待。

在等待过程中，创业者不要东张西望，甚至擅自闯进别的房间，这都是非常失礼的行为。如果等待的时间过久，创业者可以向接待人员说明自己会另选时间再来拜访，不要很不耐烦，更不要很粗暴地表达自己的不满。

当到达被访者门前时，创业者一定要记得敲门，这是拜访的基本礼仪。为了让被访者充分了解自己公司的情况，创业者应该带上自己公司的宣传材料和主要经营的产品。创业者最好在宣传材料上留下联系方式，便于对方联系自己。

创业者在拜访之前，最好列出自己公司运营中出现的问题，以便寻求被访者的帮助。在双方讨论的过程中，如果出现了意见不一致的现象，不要争论不休，而应该礼貌地与对方交换意见，并在适当的时候向对方表达接受拜访的谢意。

在拜访同行公司时，创业者应该将时长控制在40分钟左右，最长不能超过3小时。创业者可以和被访者提前确定拜访的时长。如果在确定好时长的情况下拜访，创业者就要严格遵守约定。

如果处理不好，拜访同行公司就会变成一件比较尴尬的事。创业者作为自己公司的代表要始终保持风度，一定不要急躁，要懂得时刻保持镇定，以避免破坏拜访的气氛，影响拜访的效果。

创业者在拜访过程中切忌啰嗦。因为被访者可能有很多工作需要处理，没有太多的时间来招待创业者。这就要求创业者必须开门见山，在简单的寒暄之后直接进入拜访的正题。

当被访者分享自己的意见或建议时，贸然打断是很不礼貌的行为。创业者应该认真倾听对方的意见，并将自己不清楚的问题记录在纸上，待对方讲完之后，再对这些问题进行提问。愉快的拜访会给被访者留下好印象，提高双方合作的可能性，帮助公司获得更多机会。

广州一家创业公司陷入了经营困境，创业者为了寻找解决问题的对策，拜访了当地一家知名的同行公司。由于创业者在拜访过程中准备充分、谦逊有礼，获得了对方的赏识。该创业者听取并应用了对方分享的经验和提出的建议，公司的经营开始有起色。在拜访之后的第三个月，该公司还收到了一笔大订单，这笔订单是对方引荐过来的。

可见，通过这次拜访，创业者不仅获得了运营经验，还获得了订单。这有利于推动公司的发展和进步，也可以提升创业者的能力。

总之，拜访同行公司是加速创业者成长的有效手段。拜访同行公司不仅可以使创业者获得丰富的经验，还可能会获得对方的认可，为之后双方的合作打下基础。

6.4 组织行业聚会，做大业内影响力

对于创业者来说，组织行业聚会是获取行业内信息最快捷的方式之一。行业聚会为创业者提供了一个与同行交流的机会，可以帮助创业者快速成长，获得更多经营公司的经验，了解更多行业资讯。

在创业圈中，创业者一定会参加不少行业聚会，以扩大自己和公司的影响力。创业者也可以自己组织行业聚会。

创业者小李创立了一家科技公司，在市场中获得了不错的口碑。但是

小李沉默寡言，圈内认识他的人很少。为了扩大公司在圈内的影响力，小李决定自己组织行业聚会。

由于各项工作开展得很顺利，小李在行业聚会中认识了很多前辈。通过此次行业聚会，小李提升了自己在圈内的知名度，也为自己的公司吸引到更多关注，还获得了与其他公司合作的机会。

通过上述案例，创业者可以充分感受到行业聚会对公司的重大意义。创业者想组织行业聚会，首要任务是做好准备工作。组织行业聚会需要做很多方面的工作，包括地点的选择、流程的设计等。

此外，创业者还要做好预算，必须保证每一项花销都考虑到。例如，有些创业者为了显示自己的能力，选择在非常高档的会馆进行行业聚会，结果花费很大，给公司的短期运营带来了负担，这样真的是得不偿失。

在组织行业聚会之前，创业者要确定好地点、时间、嘉宾数量、餐桌数量等。与此同时，创业者还要设计完善的流程，并时时确认每个环节的进度，以确保准备工作按照计划顺利完成。

在做好准备工作以后，创业者要拟定嘉宾名单并发出邀请函。嘉宾如果不能提前知晓行业聚会的时间和地点，就可能因为突发状况而无法前来参加。因此，创业者要安排好时间，并及早确定细节，提前发出邀请函以便嘉宾安排自己的行程。

创业者可以把行业聚会的时间、地点、活动主题和主要内容等通过邮件发送给嘉宾。这样可以让嘉宾提前了解行业聚会的安排，也可以体现出创业者对嘉宾的尊敬和重视。

在嘉宾参加行业聚会的途中，创业者要与其保持沟通，确认行程以及到达的时间。当然，为了避免嘉宾在途中过于奔波，创业者最好选择一个交通便利的地点举办行业聚会。

除了地点的安排，创业者还要为行业聚会选择一个合适的主题。主题是行业聚会的灵魂，所有的工作要围绕主题展开。好的主题会吸引更多的嘉宾。没有主题的行业聚会像一盘散沙，很难获得关注。只有突出主题，才能够更好地发挥行业聚会的价值。

在内容上，丰富、有意义的内容可以让嘉宾感受到参与行业聚会的价值。创业者不妨设计丰富多样的活动项目，让嘉宾看到东道主的诚意。

创业者要注意细节。从细节中，嘉宾能够看出创业者是否用心，也能够看出创业者对行业聚会的重视程度。这些细节表现在方方面面，例如，创业者需要安排专门的工作人员为嘉宾提供服务。

对于创业者来说，行业聚会并不是越大越好，邀请的嘉宾也不是越多越好。很多时候，"小而精"的行业聚会能够帮助创业者收获更优质的人脉资源，与其他公司建立长期的友好关系。

如果行业聚会的规模太大，创业者与嘉宾的交流容易浮于表面。小规模的行业聚会能够帮助创业者与嘉宾进行更深层次的交流，使创业者切实获得有用的知识和丰富的经验。

6.5　参加大咖会议，寻找上下游关联方

参加大咖会议能够帮助创业者获得更多的人脉资源与发展机会。一般

来说，参加大咖会议的基本上都是投资者、行业合作伙伴以及业界专家等。在参加大咖会议时，创业者可以找到上下游关联方，减少合作过程的中间商。参加大咖会议还能够帮助创业者推广自己的公司，使公司获得更高的知名度和曝光度。

虽然参加大咖会议有很多好处，但是大咖会议数量众多，创业者应该做到优中选优。对于创业者来说，判断大咖会议是否值得参加的最直接标准是大咖数量。也就是说，大咖数量越多的会议，越可以为创业者提供丰富的选择性。

在创业的不同时期，公司的运营模式不同，需要的助力也不同。在思考要不要参加一个大咖会议时，创业者应该先分析大咖是否符合公司当前的定位和需求。通过思考这个问题，创业者能够更精准地明确自己应该参加哪一类大咖会议。

对于创业者来说，并不是参加越大型的大咖会议越好。如果公司的产品或服务主要面向B2B市场，那么创业者就没有必要参加为吸引用户而举办的大型消费展览会议。如果公司的产品或服务主要面向B2C市场，而且亟需种子基金，那么创业者应该去参加由天使基金和风投机构主办的的规模较小的大咖会议。

在分析大咖会议时，创业者除了要看其主题与公司需求的匹配程度，还要看活动数据。部分大咖会议为了吸引更多的人参加，会夸大活动数据，所以创业者要学会判断活动数据的合理性。

此外，创业者还可以根据时间和内容来分析大咖会议。优质的大咖会议会合理分配时间，准确安排内容。在这个方面，创业者可以根据流程、活动项目等因素分析大咖会议的合理性。

通过以上几个方面的分析，创业者能够找到最适合自己的大咖会议。对于创业者来说，参加适合自己的大咖会议可以获得有价值的建议和思路，进而推动公司的发展。

为了节省时间、提高效率，创业者可以提前了解大咖会议的流程，找到能和上下游关联方进行互动的环节。在和上下游关联方进行互动以后，创业者能够与其建立紧密的联系，并促成合作。

创业者在参加会议之前，要准备好自己的名片、公司的资料和公司的代表性产品等，以便更好地与同行交流。

6.6　深读专业书，吃透行业理论精髓

对于创业者而言，阅读专业书是一种很好的学习知识的途径，有利于透彻地了解行业理论。如果创业者没有大量、深度的阅读作为积累，就很容易根据问题的表象来看待和解决问题，进而造成决策失当。

创业者不多读、深读专业书，视野就不够开阔，也就不能系统、全面地考虑问题。在互联网时代，多元、丰富的信息常常让人们难以做出选择。这些信息也很容易迷惑创业者，使其看不清事情的本质，以致于在创业过程中做出错误的选择。

深读专业书有助于培养创业者的系统化思维能力，可以帮助创业者建立自己的判断标准和判断体系，使创业者迅速发现问题的本质并做出正确

的决策。

如果创业者可以将知识与公司的实际情况相结合，并果断做出有利于公司发展的决策，深读专业书的效果就显现出来了。在深读专业书之前，创业者需要明确自己想要了解的问题。问题是一个目标灯塔，带着问题去阅读能够帮助创业者区分内容的侧重点。在有了明确的需要解决的问题以后，创业者可以在阅读的过程中思考问题、寻找答案。这要比漫无目的地通篇阅读更有效率，也可以使创业者对书中的内容有更深刻的了解。

为了不断充实自己，提升自己的能力，创业者可能需要学习新领域的知识，这时可以按照以下方法来进行。

① 创业者需要搜集10本与新领域相关的书。

② 在读书时，创业者要选择入门级别的书，先搭建一个知识框架，标记关键点，罗列出自己的问题。

③ 创业者要带着这些问题精读其余9本书，从中发现问题的答案，并将其补充进原有的知识框架中。创业者还要记录读书过程中产生的新的问题，并想办法解决这些问题。

④ 通过扩充知识框架、不断总结与思考问题，创业者能够快速丰富自己的知识储备，使自己对行业有一个较为深刻的认知。

上述方法涉及两个关键部分：一个是如何选书；另一个是如何快速阅读。

（1）如何选书

创业者可以参照一些权威阅读网站的书单，如百度书单、大神书单、豆瓣书单等来建立自己的书单。

（2）如何快速阅读

快速阅读指的是基于一定的学习目的而进行的阅读，如带着问题或关键词阅读等。在快速阅读中，创业者需要把握以下三个步骤。

① 快速浏览书的封面、引言、目录等，确定关键词。

② 粗略地阅读整本书，标注小标题、粗体字、图片等内容。

③ 精读标注的部分，深刻理解这个部分的内容。

总之，创业者在深读专业书时，首先要搭建知识框架，并对其中的重点有一个系统认知；其次要明确自己想要了解的关键词或想要解决的问题，这样有利于在阅读过程中抓住重点，加快阅读的速度，提高阅读的效率。

创业者需要注意的是，深读专业书是一件需要持之以恒的事。如今，知识更新的速度很快，创业者需要不断阅读专业书并不断挑战更高阶的专业书，才能提高自己的专业水准，帮助自己进一步理解行业内的理论精髓。

对于创业者来说，随时更新自己的专业知识能够提高自己对行业趋势的敏感度，能够使自己充分感知和预测行业的发展与变化，从而及时做出正确的决策。

阅读专业书的最终目的是要创业者将学到的专业知识应用到公司的运营中。创业者只有积极地实践专业知识才能够进一步提高自己运营公司的能力，推动公司朝更好的方向发展。

第7章

数据管理：打造你的高效团队

数据管理属于统计学的范畴，主要指依据实际情况，选择恰当的方法对收集来的数据进行处理、分析，并针对得出的结论对数据进行详细总结。

对于创业者来说，数据管理十分重要。通过数据进行目标管理，可以有效推动业务进程，保证目标圆满达成。创业者通过数据管理分解团队的目标，不仅可以提高员工的积极性和工作效率，还可以为未来建立绩效考核制度打下基础，从而使未来的绩效考核制度科学化、规范化。

7.1　数据分析的方法

对于公司来说，不论是在团队管理还是产品运营上，数据分析都有着不可忽视的重要作用。因此，创业者必须懂得数据分析。

一个公司要想保持长久的生命力并不断发展壮大，就必须建立一套数据分析制度，坚持用数据对团队进行管理。这样才能不断激励团队蓬勃发展，才能保证公司决策在产品营销上的正确性。

在用数据对团队进行管理之前，创业者首先要了解数据分析的方法有哪些。

（1）对比分析法

对比分析法是数据分析的一种常用方法，包括纵向对比和横向对比两种形式。其中，纵向对比是指将不同时期的同一指标在同一总体条件下进行比较，如本月任务完成量与上个月任务完成量的对比；横向对比则是指将不同的指标在同一段时间内进行比较，如不同部门、不同员工之间的销售业绩对比。

在纵向或横向对比了不同的指标以后，通常会得到一个结果。接下来，创业者就需要分析产生这个结果的原因、思考解决问题的办法，这也是对比分析的最终目的。

例如，通过对员工的工作完成量进行对比分析，创业者可以了解员工的工作情况，并据此制定合理的奖惩措施来激发员工的积极性，激励员工在以后的工作中积极进取，为公司的盈利做出贡献。

对比才能体现出差距，只有把员工完成的工作转换成具体、精准的数据并进行比较，才能让员工了解自己的现状，从而产生一定的压力感与紧迫感。然后，员工就会向其他优秀的员工看齐，调整自己的工作方法，为达成甚至超过下一阶段的业绩目标而努力。

（2）分组分析法

分组分析法是将研究总体按照某一要素分成几个不同的组，然后在分组的基础上对当前存在的问题进行深入分析，以便最终可以正确、有效地解决这些问题。

分组分析法适用于创业者对团队的管理。一个团队通常由多个小组构成，如项目小组、功能小组、固定工作小组等。创业者需要根据某一要素，如"是否达到公司所要求完成的目标"等，收集每个小组在同一时期内完成的业绩并进行计算统计。之后，创业者可以将没有完成目标的员工分为一组，将已经完成目标的员工分为另外一组。这样有利于创业者对员工进行个性化管理。

此外，创业者还需要仔细研究和分析各个小组的实际情况。对于已经出现衰退现象的小组，如果创业者在经过大量的数据分析和研究后，认为其不再适合独立存在，那么创业者就要将其合并掉，以解决人员冗余和工作效率不高的问题。

将小组合并是出于对公司整体利益的考虑。合并并非是单纯地将两个或多个小组整合到一起，而是有选择性地将两个或多个小组中的优秀员工整合到一起，集合优质资源，形成一个更为高效的团队，以提高工作效率，实现公司利益的最大化。

（3）平均分析法

平均分析法是指利用平均指标比较某一现象总体在一定时间段内的水平，以反映该现象总体在特定地点和条件下的一般水平。平均指标是现象总体内各单位之间差异的标志值。该指标可以反映出现象总体的特征，以及公司在某一方面的水平。同时，在分析同样工作的不同团队时，创业者也可以使用平均分析法，以充分了解不同团队的整体水平。

在团队管理中实行末位淘汰制是十分常见的。末位淘汰制属于绩效考核制度的一种，具体操作方法是公司根据工作的总体目标以及员工岗位的实际情况，设定出一套考核指标，并依据该指标对员工进行考核，将考核结果排在末位的员工淘汰。

创业者在对员工进行考核时，一定要掌握员工各方面的工作情况，在综合分析之后得出最后的淘汰结果。在分析员工的工作情况时，创业者同样可以使用平均分析法。例如，分析员工整体工作业绩的一般水平并进行排名，将排在末位的员工淘汰。当然这里的淘汰并不一定是辞退，也包括调岗、降薪、降职等。

创业者在使用平均分析法时，需要注意以下几点。

① 创业者需要根据公司的管理模式以及当前经济现象的特点来分析平均指标。正确的平均指标可以有效地反映公司的生产水平、员工的工作业绩、团队的整体效率等。

② 创业者需要把平均数和实际情况结合起来分析，这有利于对总体内部的实际情况和典型事例做更深入说明。

③ 创业者需要把平均指标结合变异指标一起分析，这有利于对总体有一个更全面的认识和评价。

一般而言，在使用平均分析法时，还应该结合变异分析法，这是为什么？平均指标说明现象总体的一般水平，反映集中趋势（平均数），而变异指标则说明现象总体内部的差异程度，反映离散趋势（方差、标准差）。

因此，把平均指标和变异指标综合分析有利于公司对内部的差异和总体的一般水平进行细致分析和总结，从而制定出相应的调整、解决措施。例如，公司可以对低于一般工作水平的员工实行末位淘汰制，对其进行调岗或降薪等处理。

（4）交叉分析法

交叉分析法适用于分析属性数据。一般来说，属性数据也可称为类别数据或定型数据，是反映事物属性的数据，也是属性变量的取值。属性变量的取值其实是事物属性的量，例如，把"性别"作为属性变量，那么取值就是"男"和"女"；把"人们对事物的表态"作为属性变量，取值就是"赞成""中立""反对"。

这里要注意，属性变量的取值只能是有限的，并且相互之间不能进行加、减、乘、除等数学运算。因为属性变量是一种"变量"，反映的是事物的一种客观属性。

创业者之所以对属性数据进行分析，是为了达到以下 4 个目的。

① 得到汇总的分类数据，即列联表。

② 对属性变量之间的关联性数据进行计算。

③ 分层分析高维数据。

④ 对属性变量之间的独立性进行实践检验。

（5）矩阵关联分析法

矩阵关联分析法是一种非常系统的数据分析方法，能够保证数据分析的客观性、完整性、可比性。矩阵关联分析法是指在分析一个含有多方面因素的事件时，从不同的方面去考虑问题。具体做法是从有多方面因素的事件中找出相对应的因素，排列出矩阵图，再根据矩阵图来分析问题，寻找答案。

矩阵关联分析是寻找关键性因素的有效方法。该方法可以让创业者通过多角度综合思考问题的方式，从每个问题中找出相互呼应的问题，并把它们排列成行和列，找出行与列的相关性。

创业者在运用矩阵关联分析法分析数据时，必须确定每一个不同评价指标的相对重要程度，也就是权重，还要根据评价主体设定评价指标的评价程度，从而确定评价指标的价值评定量。

当需要寻找的问题与目的数目比较多时，创业者就可以使用矩阵图来进行关联性分析。矩阵图能够清晰明了地反映问题的现状，还能够体现分析及评价的层次结构。

在横向与纵向的问题中，创业者可以找到交叉点，取得交叉点的数值，然后再分析这个数值，选择最佳方案。关联矩阵法能够使创业者更快速、方便地处理相对较复杂的问题。

矩阵关联分析法适用于多目标的系统，因为矩阵图可以表示出每个相关事件的平均值。在这种情况下，创业者可以通过计算对相关事件的平均值进行对比分析、综合评价，最终选出最佳的方案。

（6）瀑布图

麦肯锡曾经创造了一种图表，用来表现数个特定数值之间的数量变化关系。由于其形似瀑布流水，因此被命名为瀑布图。瀑布图是最经典的数据分析法之一，可以直观地展现数据对比关系。

当创业者想要分析数据时，为了明显地表现从一个数据到另一个数据的数量变化过程，就可以采用瀑布图。瀑布图能够直观地反映数据的多少以及增减变化，也可以展现流线型的结果。

创业者可以利用瀑布图了解公司每个月业务情况之间的差距，也可以了解公司每一年的盈亏状况。也就是说，创业者可以根据瀑布图分析数量变化过程对公司的影响。

瀑布图上的每一个数据都是相互关联的，一环扣一环。当某一个数据由于不可控因素出现问题时，创业者可以追溯到上一个数据来分析问题，并找到解决方法。

（7）帕累托图

在工作中，创业者一般会带着目的去做事，这固然是好的。但如果创业者过于重视结果，就会忽略过程。过程相对于结果来说往往更重要，因为创业者只有认真对待过程才能得到想要的结果。

创业者在解决某一问题的过程中，往往会遇到新的问题，这些新的问题很可能会给公司造成阻碍。如果新的问题过多，创业者很可能会迷失方向，难以看清事情的本质。这时就需要创业者分析每个问题产生的原因，及时改变策略。因此，创业者需要采用帕累托图来分析问题，找出问题的关键所在。

帕累托图又称排列图或主次图，能够清晰地将各个问题的重要程度用图表的方式依次排列出来。帕累托图可以按照问题发生的频率绘制直方图，这个直方图能够反映有多少种可能的结果是由于曾经已经确认过的原因造成的。

创业者在分析质量问题时可以使用帕累托图，以此明确质量问题产生的主要原因。帕累托图还可以按照等级顺序引导创业者采取什么样的措施纠正错误。

从帕累托图中，创业者可以直观地看到之前的数据和现在的数据有什么不同，从而更迅速地分析之前的数据和现在的数据相比发生了哪些变化。这样可以使创业者理清思路，找出问题的关键所在，以此来制定问题的解决和改进方案。

7.2　目标数据管理，团队目标数据分解

目标数据管理是创业者通过目标数据管理团队。具体做法是将团队目标逐级分解，转换为各部门、各员工的分目标。在这个过程中，团队目标、部门目标和个人目标可以形成协调统一的目标数据体系。

在目标数据管理中，创业者制定目标必须遵循SMART原则。SMART原则是美国心理学家洛克提出的，主要包括以下五个方面。

（1）明确性（Specific）

明确性是指所要达成的目标必须能够用具体、详细的语言清晰地阐述，不能模糊不清。为什么目标要有明确性？明确的目标对于公司、团队、员工来讲又有什么意义？

哈佛大学曾经做过一个跟踪调查，目的是了解不同目标对人的不同影响。此次跟踪调查的对象是一群能力、条件都旗鼓相当的年轻人；选项一共有四个，即没有目标、目标模糊、目标清晰但比较短期、目标清晰且长期。

经过25年的跟踪调查，最后的结果令人大吃一惊：那些选择目标清晰且长期的人，在朝着所定的方向不断奋斗后，几乎都成为顶尖的成功人士；

选择目标清晰但比较短期的人，大多生活在社会的中上层；而剩下的选择目标模糊者和没有目标的人，只能在自己的工作岗位上怨天尤人，没有特别突出的成绩。

通过上述跟踪调查可以知道，一个长远且具体的目标对人有重大影响。因此，创业者制定的目标必须是明确的。很多创业者创业没有成功的原因就是制定的目标不够明确，态度模棱两可，这使员工在完成目标时缺少一个明确的方向。

例如，有的公司为客服人员制定的目标是"提升为客户服务的意识"，这就是一个不明确的目标。如果将这个目标修改成"将客户投诉率降低至3%"，就变得具体了。

（2）可衡量（Measurable）

明确、不模糊是判断目标是否可衡量的基本标准。在衡量目标是否达成时，也要有一组明确的数据作为参考。判断制定的目标是否能够实现，取决于目标是否能够衡量。例如，"在5月底完成100万元的销售额"，这个目标就是可衡量的，具有指导意义。

如果目标无法衡量，就无法确定目标是否能够实现。因此，创业者要设定一定的指标来衡量目标是否达成。这里需要注意，不是所有的目标都是可衡量的。例如，大方向性质的目标是很难衡量的，这时创业者就需要对其进行进一步细化、量化。

（3）可实现（Attainable）

可实现的目标通常是在权衡了人力资源、范围、产品种类、成本等多方面因素后得出的目标。这个目标是实际的，可以实现的，不是创业者随意制定出来的。

创业者制定的目标必须是可实现的，但是也要避免目标太高或太低。如果创业者为了实现自己的利益，把不符合实际情况的目标强加到员工身上，就会造成员工在心理或行为上的抗拒，反而会产生适得其反的效果，使员工的工作效率下降。

因此，创业者一定要根据公司的实际情况制定目标。合理的目标能够激发员工的积极性，提升员工的工作效率。

（4）相关性（Relevant）

创业者在制定目标时一定要注意目标之间的相关性。目标的相关性是指制定的目标要和其他目标具有一定的相关性。对于创业者来说，让员工实现单一目标的意义并不大。

（5）时限性（Time-based）

创业者在制定目标时，时限性也是一个不可忽略的原则。时限性指的是制定目标要有时间限制。例如，要求在11月30日之前完成目标，那么11月30日就是目标的完成期限。

对于一个目标来说，如果没有明确的时间限制，就会影响完成的效率。创业者在制定目标时需要注意，目标的截止期限必须是明确的。倘若目标没有时限，就无法对员工的工作产生督促作用，目标完成的周期也会被拉长。

SMART原则是创业者制定目标的敲门砖。在制定合理的目标之后，创业者就需要对目标进行分解。在对目标进行分解时，创业者可以采用自下而上法和自上而下法。

自下而上法指的是员工制定自己的目标，再逐级向上报告，最后汇总成工作目标。目前，自下而上法正在被越来越多的公司采用，主要是因为具有以下3方面的优势。

（1）可以提高员工的工作责任感

如果由创业者制定目标，员工会认为那是创业者意志的体现，自己只能被动接受。这会让员工有被强迫的感觉，在完成目标时也容易产生逆反心理。

而自下而上法首先要征求员工的意见，员工可以自己做主，这提高了员工完成目标的主观能动性。通常人们对主动争取的东西有着强烈的责任感，并且愿意为它负责。同样，创业者如果让员工自己制定和分解目标，员工更容易对这个目标负责，从而尽自己最大的努力去完成。

（2）便于员工管理

对于员工自己制定的目标，创业者只需审核目标是否合理并提出建议。如果目标过低，创业者可以建议员工向其他员工的目标看齐；如果目标过高，创业者则可以建议员工认真分析产品的市场情况，重新制定目标。

让员工自己制定目标可以使创业者对自己的员工有更透彻的了解，有利于完善管理工作。

（3）便于创业者了解市场和用户信息

通过员工上报的目标，创业者可以充分了解市场和用户情况。员工制定目标不是简单地罗列数字，而是有科学、合理的依据，如地区的用户数、市场阶段（淡季还是旺季）、市场竞争情况、用户需求情况、用户结构等。

在员工自己制定目标时，由于他们对市场和用户了解得更为透彻，所以提交的数据也最能反映市场和用户的真实情况。通过这些数据，创业者可以更好地了解市场和用户。

创业者在使用自下而上法时，需要掌握以下几个步骤。

（1）员工制定目标

员工根据自己以前的工作业绩和市场情况，制定出与自身能力相符的目标（包括月度目标、季度目标、年度目标）。员工制定目标以后，需要将目标上报给部门经理。

（2）逐级向上报告

在员工将自己的目标提交给部门经理以后，部门经理需要对目标进行分析、汇总，并做出适当调整，然后提交给创业者。

（3）明确目标

创业者在得到各部门汇总的目标以后，要认真分析这些目标，判断这些目标是否符合公司的发展方向。如果目标与公司的发展方向存在偏差，创业者就需要对目标进行调整。

（4）分解目标

分解目标就是创业者把最终确定的目标分解到每个部门、每位员工身上。

在当前的团队管理中，自下而上法变得越来越重要，创业者应该加以重视。在使用自下而上法分解目标时，创业者要把握好步骤，争取制定出更合理的目标，并把目标真正落实下去。

除了自下而上法，创业者也可以利用自上而下法分解目标。自上而下法指的是由创业者制定目标，然后再逐级分解给每个部门、每位员工。

在制定目标时，创业者不能只考虑一个层面，要综合考虑市场、产品、效益、用户等多个层面。一般来说，创业者需要制定市场占有量目标、增加用户数量目标、老用户回购率目标、用户满意率目标、产品效益目标等多种目标。

在对当前市场和环境进行分析以后，为保证目标的科学性，创业者还要认真分析公司以往的目标，再综合考虑当前的市场容量、市场竞争、政策发展方向、公司战略、产品经营等情况，最后制定出一个合理的目标。

在目标制定完成以后，创业者接下来的工作就是将目标分解到各部门，再由各部门分解到各员工身上。

不管创业者选择哪种目标分解方法，都要保证目标的科学性与合理性。通过完善的目标数据管理，创业者能够更好地管理部门目标和员工目标，从而确保团队目标的实现。

7.3　多种考核方法，总有一款适合你的团队

考核是定期对员工的工作进行衡量的一种方法。利用明确、科学的方法对员工进行评定，可以激发员工的主动性和创造力，提高员工的工作效率和业务能力。创业者可以利用以下四种方法对员工进行考核。

（1）调查询问法：利用座谈、问卷考核员工

调查询问法需要考核人员先设计好问题，让员工回答，再根据员工的回答对比考核标准得出结论。根据不同形式，调查询问法可以分为访谈调查询问法、问卷调查询问法、座谈会调查询问法。

① 访谈调查询问法。访谈调查询问法就是以访谈的形式对员工进行调查询问。使用这种方法，考核人员需要与员工进行交谈，并收集考核资料。依据调查询问的内容，访谈调查询问法可以分为结构性访谈、非结构性访谈两种类型。这两种类型都具有直接、灵活、回馈率高的特点，但要求考核人员具有比较高超的访谈技巧。

访谈调查询问法的本质是，考核人员与员工进行有目的的谈话，从而了解员工的工作状况。

② 问卷调查询问法

问卷调查询问法是指考核人员把考核信息用书面的形式整理出来，让员工用文字回答以完成考核的方法。问卷调查询问法的优势表现在以下三个方面。

第一，问卷调查询问法的覆盖面广，可以得到更多员工的工作信息；第二，问卷调查询问法的问题比较集中，得到的答案非常具有代表性；第三，问卷调查询问法的考核成本低，工作量相对较小。

此外，问卷调查询问法也存在缺点，如考核过程受书面形式的限制，无法对员工进行全方位评价。因此，问卷调查询问法不能完成复杂的考核工作。

③座谈会调查询问法。座谈会调查询问法是在一个集中范围内随机抽取个体，再按照事先商量好的谈话程序，从员工中得到所需参考信息。这种方法需要考核人员在开展正式座谈会之前设计一份标准的问答程序，按照问题的顺序对员工进行提问。为了保证考核结果的准确性，考核人员最好提定向选择式问题，即单选问题。

（2）关键事件法：根据重大事件对员工进行测评

由福莱·诺格和伯恩斯共同提出的关键事件法是一种十分简单的考核员工的方法。在使用关键事件法时，考核人员只需要记录员工在平时工作中发生的具有代表性的事件，然后事先协定好时间段（通常为半年或一年），根据员工在这个时间段内累计的事件记录展开研究和讨论，最终得出考核结果。

关键事件法采用的原则是挑选最符合员工职务特点的工作行为，并找到其中最具有代表性的部分来评价绩效。具体来讲，考核人员首先要从员工或熟悉该业务的人员那里将关键事件整理出来；然后进行职务绩效评定。关键事件法的实施步骤如下。

① 识别岗位关键事件。在运用关键事件法分析员工的工作绩效时，最重要的在于考核人员对关键事件的把握，这对考核人员的专业分析能力有非常高的要求。如果对专业技能和岗位职责了解不深，考核人员很难快速抓住员工的关键事件，也很难保证考核结果的科学性。

② 详细记录信息。在抓住关键事件以后，考核人员应把相关信息记录下来，包括关键事件的发生条件、原因、具体经过、最终结果，以及员工的应对行为、处理措施等。

③ 信息分类整理。将信息收集记录完成以后，考核人员需要把这些信息进行归类并总结，从而得出员工的量化数据指标，以便最终评价员工的绩效。

关键事件法的主要优点在于可以比较全面地分析员工的工作成绩，也可以照顾到不同职务的不同特点。这样得到的评价结果是较为科学的，对员工具有很强的说服力。

但是关键事件法也存在较为明显的缺点：一是费时，需要考核人员花费大量的时间搜集关键事件并加以归纳；二是虽然关键事件具有代表性，但忽视了员工的平均工作成绩，这样得到的考核结果对于那些中等水平的员工不太公平。因此，关键事件法更适合与其他方法综合使用，才能达到最好的效果。

（3）成果评定法：根据员工的协作成果考核

成果评定法是指考核人员通过团队或个人的工作成果对员工进行评价的一种方法。成果评定法以评定的结果为依据判断员工在团队中的地位。

评定的结果越好，员工在团队中的地位就越高。

成果评定法的考核中，只有具体的协作成果才适合作为考核指标，如图书编辑、网站制作与优化等。这些社会活动可以反映出员工的协作成果。考核人员可以直接根据员工的协作成果评估其工作表现。在考核之前，协作小组的组长需要填写总结报告。

总结报告必须反映出员工在完成目标时的具体行动，以及在具体行动中采取的策略、思考的过程、解决问题的速度等情况。总之，总结报告写得越详细，考核人员做出的考核评价就越准确。

在做考核评价时，考核人员可以根据具体的指标体系进行量化评价。如果协作小组较多，考核人员可以按照各协作小组的协作成果报告及其优异程度来排列等级。

成果评定法的特点是根据最终成果进行考核，弱化了绩效指标的作用。即使是同一个绩效指标，因为每一个协作小组的目标不同，员工不同，其成果也就不同。

因此，考核人员在进行考核时，要分别以小组为单位、以员工为单位做出综合业绩表现评估。这是一个相对的过程，不能只对某个固定的参照指标进行评估。由此可见，成果评定法适用于由协同合作产生成果的考核指标。

（4）强制分布法：根据正态分布规律考核

强制分布法也叫强制正态分布法、硬性分配法。强制分布法是预先确定评价等级及其在总数中所占的比例，然后按照员工的绩效优劣程度将员工列入某一个评价等级的方法。

需要注意的是，在强制分布法中，各评价等级的占比符合正态分布。正态分布，就是"两端小，中间大"。如果以平面的方式展现，就犹如一座山的形状。

将各评价等级的比例确定好之后，考核人员就可以按照员工所达成的业绩对号入座，以确定员工所在的评价等级。

强制分布法可以减小由于考核人员的主观判断而产生的考核误差，可以让创业者更好地管理员工。尤其当公司同时使用末位淘汰制时，强制分布法能在一定程度上对员工产生激励作用。

当被考核的员工比较多时，强制分布法是非常适用的。强制分布法具有以下三方面的优点。

① 等级清晰。强制分布法严格遵从正态分布原理，各评价等级的比例设置具有确定性和稳定性。考核人员只需要将员工按照绩效优劣列入所在的评价等级，或是优秀，或是中等，或是最差，然后再进行简单统计就可以得出结果。

② 强制区分。强制分布法的强制性主要体现在考核人员必须按照一定比例区分绩效的评价等级，这能避免在考核过程中出现考核过严或考核过松的问题。

③ 强刺激性。强制分布法与员工的绩效赏罚密切相关，考核人员需要对绩效优秀的员工给予丰厚奖励，对绩效中等的员工给予一般奖励，对绩效较差的员工则根据绩效"劣"的程度予以相应处罚。考核人员严格按照绩效优劣来给予员工赏罚，可以让员工感受到强烈的正负刺激，从而提高

工作的积极性。

同样，强制分布法也有缺点。因为强制分布法设定的评价等级具有确定性，所以当员工的绩效水平并没有遵循这一设定时，考核人员若还是将员工进行硬性区分，就会容易引起员工不满。

让员工产生不满的最主要原因是强制分布法采取的是对绩效的相对评价，而非绝对评价。这样可能会使员工产生一种不公平的感觉，从而加剧员工之间的恶性竞争。

创业者在使用强制分布法进行考核时，一定要注意尽量发挥出积极的强刺激作用，最大限度地减小不公平性。在使用该方法之前，考核人员有必要衡量其利弊，确定其是否适用于公司和团队。

7.4　行程数据，监督你的员工

在进行数据管理时，创业者除了要注重结果，更要注重员工的行程，否则就难以发现员工在工作中存在的问题。例如，一些销售人员虽然业绩不错，但却是通过压货完成的销售任务。

现代管理观念认为，员工管理重在行程。对员工来说，一个好的行程通常会伴随一个好的结果；一个不好的行程可能会导致一个不好的结果。这就说明创业者管理员工行程的重要性。

行程管理指的是创业者对员工的行程进行了解与追踪，以掌握员工的日常工作动态、进度。通过分析员工的行程数据，创业者还可以发现异常现象及问题，并及时解决。也就是说，行程管理的目的是建立员工与目标的密切关系，通过对员工的行程进行追踪与监控，确保目标的实现。

在现代管理中，可视化已经成为一个越来越重要的特征。对于创业者来说，掌握行程数据不仅可以清楚地了解员工的目标完成情况，还可以知道哪些员工比较落后，进而对这些员工的工作进行有效指导。

张总开办了一家公司，经过一段时间的发展，公司趋于稳定。2020年8月，销售人员小王的个人业绩达到30万元，成为当月的销售冠军。这让张总十分高兴，并当即对小王进行了嘉奖。

但随后张总在分析员工的工作数据时发现，小王9、10月的销售业绩都比较低，许多客户也不再跟进。在了解这一情况以后，张总马上找到小王询问原因。

原来，在拿到销售冠军以后，小王就逐渐产生了自满情绪，认为自己工作能力很强，即使不像之前那样努力，也能达到好的业绩。于是，小王的业绩一再下滑，客户也流失了很多。

了解了小王业绩下滑的原因以后，张总为了帮助小王调整工作状态，向小王展示了两组数据。首先，客户跟进数据表明，80%的销售工作是在销售人员第4次到11次跟踪后完成的。

其次，张总向小王说明公司的年度销售冠军虽然是在月度销售冠军中产生的，但也要看全年的业绩。目前，其他销售人员都在不断努力提高自己的业绩，所以成为年度销售冠军并不容易。

在了解了这些情况以后，小王终于有了危机感，同时也意识到自己此前工作中存在的不足。在随后的两个月中，小王工作十分认真、负责，对客户的跟进也落实得十分到位。最终，小王在12月再一次成为公司的销售冠军。

在上述案例中，张总正是通过数据分析发现了小王身上的问题，并及时帮助小王调整工作状态，督促小王的工作重回正轨。因此，创业者对员工进行数据管理是十分必要的。

在实际操作时，如果创业者对数据的管理不严谨、不透明，就可能会导致过程的失控，进而导致结果的失控。一个创业者是采取"只求结果"还是"把控过程"的管理模式，在很大程度上决定着管理工作能否成功。

从根本上来说，"只求结果"的管理模式只能起到亡羊补牢的作用，因为结果的一个显著特征就是滞后性。因此，创业者在管理员工时，必须能够清晰、准确地把控员工的工作行程，了解工作行程的全部数据，并以这些数据为基础监督员工的工作。这样可以使创业者及时发现问题并迅速做出调整和优化。

创业者应该做到掌握"每天每位员工做的每项工作"。这需要创业者收集每位员工的数据，并将这些数据进行汇总分析。完善的数据管理会让创业者的管理工作更科学、合理。

例如，一位电商公司的创业者小刘在用数据监督员工工作方面做出了良好的示范，取得了非常不错的效果。小刘将掌握"每天每位员工做的每项工作"为目标，加强了对员工的管理。

小刘安排了5名管理者来管理销售的全过程。每天下午6点，销售人员需要向这5名管理者汇报每天的销售情况和工作过程，包括去过哪些地方、拜访过哪些客户、与客户交流了哪些问题、解决了哪些问题，还有哪些问题没有解决、公司需要提供哪些方面的帮助、拜访客户的信息（姓名、年龄、喜好、联系方式）、接下来的工作计划等。

在获得了销售人员的数据以后，管理者需要将这些数据整理好，并记录在销售人员的"工作日志"中。为了防止销售人员提供假资料，管理者还需要不定期抽查。销售人员要求报销时，管理者要根据"工作日志"中的内容来判断发票的真实性。只有与"工作日志"相符的发票，管理者才会为销售人员报销。

小刘通过对数据的把控，有效监督了销售人员的工作，使自己对销售人员的工作和花销做到心中有数。可见，完善的数据管理能够帮助创业者了解员工的工作状态和工作进度，有利于创业者督促员工在规定的时间内完成目标。如果员工或团队的工作出现了问题，创业者也能够及时发现并解决。

总之，对于创业者来说，掌握与工作相关的数据十分重要。利用这些数据，创业者可以有效地对员工进行监督。一旦员工出现情绪问题或失误行为，创业者也可以及时将其拉回正轨。

7.5　用数据开会，让沟通更有效率

在管理中，团队之间的沟通是十分必要的。通过沟通，创业者可以及时发现并解决团队工作中存在的问题。召开团队会议是创业者与团队沟通

以及促进员工之间彼此沟通的重要手段。

例会是团队日常工作中的一项重要内容。召开例会的目的不仅是让员工了解团队工作的进展，激发员工的积极性，更是让员工总结之前工作中存在的问题并及时改正。

当创业者召开团队会议时，以数据化的方式来展现工作情况能够使工作情况更清晰、明确。以周例会为例，创业者可以以各种数据为根据，科学地分析员工的工作情况。

创业者可以对员工进行周工作量环比考核，即将员工本周的工作量与上周的工作量以数据统计的形式进行比较，从而对员工做出评价。创业者对员工进行周工作量环比考核有利于加快员工完成任务的速度，提高员工完成任务的效率。

创业者通过对员工的周工作量进行环比考核，可以充分了解员工在近阶段的工作表现。如果员工的周工作量呈现增长的趋势，就说明该员工近阶段的工作表现良好，应该得到一定的奖励。

如果员工的周工作量呈现下降趋势，就说明该员工近阶段的工作效率有些下降。此时，创业者需要帮助该员工调整好工作状态，继续努力，以便在下一个周工作量环比考核中取得好的结果。

与周工作量环比考核类似，周业绩环比考核是指将员工本周的业绩与上周的业绩以数据统计的形式进行比较，从而对员工的业绩做出评价。这里要提及两个概念：一是横向环比法，指将个人的考核结果与整体平均业绩进行比较，按照优劣程度给予奖罚；二是倍数环比法，指先将所有的考核因素随机排列，再按一定顺序对其进行比较，计算出各考核因素之间重要程度的倍数关系，即环比比率，然后将环比比率转换为基准值，最后再确定最终的权重。

创业者在对员工的周业绩进行环比考核时，可以采取上述两种方法。横向环比法的优势在于见效快，可以充分鼓励员工之间的良性竞争，从而提高员工的工作效率，并且还能综合反映市场的变化，减少市场变化对于员工业绩的影响。

倍数环比法由于有准确的历史数据为依据，因此可以使创业者设定的权重更具有客观性，保证了考核结果的公平、公正。如此一来，员工对周业绩的考核结果也会比较信服。考核结果优秀的员工会继续保持，考核结果不理想的员工也会在下一周继续努力。

以"周"为时间节点对员工进行周业绩环比考核，以最终的考核结果激励员工，能够使员工产生一种竞争心理，从而为下一周的业绩奋斗努力。

除了周工作量环比考核和周业绩环比考核以外，周例会也是以"周"为时间节点。在周例会上，要点总结十分重要。要点总结能够反映员工一周的工作情况。数据既简洁又具有直观性，用这种形式进行要点总结，能够使一周的工作清楚明了。

为了契合数据这种形式，使用表格来总结要点十分合适。因为表格更有利于数据的读取与计算。在周例会中，创业者可以让员工填写周要点总结表，以便明确地掌握员工的工作进度。

周要点总结表如表7-1所示。

表 7-1　周要点总结表范例

部门：　　　组：　　　姓名：　　　职位：　　　日期：	
本周工作总结 1. 只写目标完成的结果，不描写具体过程 2. 用数据说话，写出完成任务的准确的工作量或百分比。例如：上周完成 ×× 项目，完成计划的 80% 3. 对自己的成功或失败之处做出总结，不要避重就轻 4. 写出重要的日常工作	目标完成情况：
	目标达成与否的原因分析：
	工作表现自评：
下周工作计划	主要工作事项：

　　通过周要点总结表，创业者可以了解每一位员工的工作进度。在对周要点总结表进行分析以后，创业者还可以掌握整个团队的工作进度。这有利于创业者做出科学合理的工作安排。

　　同样，用数据开会不仅体现在周例会中，也体现在月例会中。创业者可以用图表和数据分析员工的每周业绩情况及本月工作总量，并据此对员工之后的目标和考核指标做出调整。

　　业绩是员工在一定时间内所完成的工作和达成的目标。每周业绩情况分析就是针对员工每周所获得的业绩，以图表的形式做一个统计。当然，图表中的关键要素就是数据。

　　如果以"周"为时间节点进行计算，一个月相当于四周。创业者可以对员工四周所获得的业绩做一个精准的计算和统计，然后在月例会上以统计图的形式展现出来。

针对员工工作的不同情况，创业者可以制作相应的周业绩图。例如，可以为所有员工的每周业绩情况做一个总体的统计图，也可以为每位员工的每周业绩情况做一个具体的统计图。

统计图的类型是多样的，如条形图、饼图、折线图等，不同的统计图可以反映不同的数据与结果。创业者可以根据自己想要得到的数据和结果选择统计图的类型。

制作统计图是为了方便创业者通过观察图中所展现的数据和结果，对员工当月业绩完成情况进行分析，从而了解员工的工作。如果图中的数据显示员工未达标，说明该员工当月的业绩完成情况不佳，创业者需要帮助其调整好工作状态；如果图中的数据显示员工已达标或超额完成，说明该员工当月的工作状态良好，创业者应对其予以褒奖，以激励其继续保持良好的工作状态。

创业者在制作统计图之后，还需要对图中的数据进行分析。创业者在做团队月工作量的数据分析时，可以使用Excel中的数据透视表来完成。

在进行数据分析时，创业者还必须明确数据分析的内容与目的。内容就是员工的月工作量，目的是通过最终的数据分析结果了解员工月工作量的完成情况，看其是否有消极怠惰的问题。

创业者通过对员工的月工作量进行分析，不仅可以对员工的工作完成情况进行评价，还可以将员工每月的工作量数据统计分析情况保留下来，做一个纵向的对比，为下一个阶段的工作制定合理的规划和目标。

　　总之，创业者无论是分析员工的工作情况还是总结团队的工作进度，都需要数据。数据为创业者的分析、决策提供了科学的依据。此外，用数据开会能使团队之间的沟通更合理有效，也提高了创业者与员工之间的交流效率。

>>> 第8章

建立联盟：信息流获取与筛选

在创业初期，创业者往往会面临资金、人员等方面的困境，如果能够建立一个创业者联盟，共享信息和资源，会给创业者带来很大帮助。创业者联盟能够将各方面的资源集中到一起，老成员的创业经验、资源、资金等可以带动新成员的发展。同时，创业者也可以在创业者联盟中积极沟通合作，在合作中实现共同成长。

8.1　外部力量带来的思考方法

成立创业者联盟的意义在于把有相同目标的人聚集在一起，充分发挥整体的作用以完成个体不能实现的目标。黑马会就是一个成功的案例，作为一个创业者联盟，黑马会聚集了许多创业者，通过分享经验，对接资源，为联盟中的创业者提供支持。

创业者能够通过黑马会接触到众多的其他创业者及投资人，这无疑为创业者提供了一个良好的创业大环境。不断增加的成员在利用黑马会现有资源的同时也为黑马会提供了新资源，这使黑马会内部的资源能够不断更新，不断为创业者提供支持。

创业离不开资金的支持，资金是否充足是影响创业者创业成功的关键性因素，创业者联盟能够为创业者提供资金支持。

以一个轮胎销售公司为例，从创业初期开始，这家公司就存在资金不足的问题，随着业务的不断拓宽，公司的资金压力越来越大。而后，这家公司为寻求帮助加入了一个创业者联盟，联盟中有一位投资人看好该公司的发展前景，于是向公司注入了一笔资金，帮助其渡过了难关。公司在这笔资金的支持下，优化了产业结构、创立了多样的品牌，公司获得了快速发展。

除了为创业者提供资金支持外，"老带新"也是创业者联盟的一大优势。对于想要标新立异的创业者来说，随时充电、了解行业内的前沿信息是非常重要的。同时，在创新的过程中，哪些事情可以尝试，哪些事情需要避免，创业者也需要仔细取舍。

这时，一些成功创业者的经验分享就显得异常宝贵了。创业者联盟的主体是创业者，创业路上的普遍问题是所有创业者都会遇到的。一些成功渡过创业难关的创业者会在联盟中分享创业的经验和创业过程中的注意事项，这些内容对于联盟中的新人来说极具价值。创业者可以借鉴成功的经营方法，规避创业风险。

例如，许多大学都会建立创业分享会来帮助毕业生自主创业。创业分享会中除了有想要创业的毕业生，还包括一些创业成功的校友。这些校友在为毕业生讲解创业经验的同时，也会为其提供技术、资金等方面的支持。

公司在建立初期，"缺东少西"的现象十分常见。而创业者联盟可以把不同公司的资金、技术、人才等资源整合在一起，建立起庞大的信息数据库，供联盟中的成员使用，以此来帮助联盟成员快速发展。"合作共赢"是创业者联盟的根本目的。

总之，创业者联盟能够为创业者提供资金、技术等方面的支持，同时创业经验的分享也能够帮助创业者在一定程度上规避创业风险。对于势单力薄的创业者来说，加入创业者联盟是一个非常不错的选择。

8.2 建立联盟的链接方法

除了主动加入一些较大的创业者联盟之外，创业者也可以尝试自己建立一个创业者联盟。这样不仅可以为自己提供助力，也可以扩大公司的影响力，有助于打造公司品牌。

创业者联盟存在诸多类型，不同类型的创业者联盟有不同的特点，创业者建立创业者联盟的第一步，就是要确定自己所建创业者联盟的类型。创业者联盟一般分为以下几种类型。

（1）行业整合型联盟

行业整合型联盟，即将专业相关的行业组织在一起建立联盟。这种联盟以分享行业知识和经验为目的，成员所处的行业联系紧密，需要达成的目标也大多相同。

（2）人才互补型联盟

人才互补型联盟以人为核心，将各个行业具有各种优势的创业者聚集在一起。创业者可以在联盟中相互交流，共享人才，以达到人才互补的目的。

（3）寻找商机型联盟

寻找商机型联盟是为求"新"而建立的创业者联盟，这种联盟一般入会条件较少，成员的类型比较多，往往分属于不同的行业。聚集在一起的创业者往往是想寻求一种新的创意，以开发新领域，发展新业务。在这样的创业者联盟中会出现多领域之间的合作，公司间业务上的往来比较频繁。

（4）资源整合型联盟

资源整合型联盟将许多公司拥有的资源整合在一起，共同开发利用，使原本资源不丰富的创业公司也能够使用丰富的资源。在资源整合型创业者联盟中，创业者可以通过联合其他创业者，获取更多的资源，以弥补公司资源不足的缺陷。

在建立创业者联盟时，创业者首先要根据自己的需求选择合适的联盟类型。如果在公司中，高科技人才是支撑公司发展的关键，那么创业者需要建立的就是人才互补型的创业者联盟；如果创业者在某一方面的资源较为丰富，而其他方面的资源比较缺乏，那么建立资源整合型联盟就是创业者的最佳选择。

在创业者确认了所建创业者联盟的类型之后，接下来还要确定建立创业者联盟的诸多细节，主要包括以下几个方面。

（1）创建联盟的目的

创业者需要明确建立联盟的目的，明确联盟是注重交流学习还是注重业务拓展，以此来设置成员准入规则，防止"张冠李戴"。

（2）创建联盟的目标

创业者需要明确创建联盟的目标，分析联盟是否能够切实帮联盟成员解决创业问题。如在以业务拓展为目的的创业者联盟中，创业者可以以公司间合作的次数或公司加入联盟之后营收变化的涨幅为指标，来分析联盟是否推动了联盟成员的发展。

（3）联盟的管理方式

"没有规矩不成方圆"，创业者需要为创业者联盟制定规则来约束联盟成员的行为，以避免公司间争抢资源、不良竞争等问题，从而实现联盟成员间的互利共赢。

在创业者联盟的管理纲要中，创业者应详细规定联盟建立的目的、目标以及联盟的人员构成，明确联盟成员的权利和责任，让联盟成员在利用联盟内资源的同时，也要贡献一部分资源来建设联盟，以保证联盟的长久发展。

（4）联盟的活动内容

创业者联盟内的各成员并不是自由生长的，创业者需要组织各种活动，加深各成员间的交流，促成成员间的合作。

总之，在建立创业者联盟的时候，创业者必须要明确自己所建联盟的目的、目标及相关细节，并在此过程中充分利用创业者联盟的资源推动公司的发展。同时，创业者联盟的持续性发展也是创业者需要思考的问题，这就需要创业者设置合理的联盟管理规则。

8.3 如何制定联盟筛选规则

创业者联盟只有拥有可靠且优质的资源才能吸引新成员源源不断地加入。如何保证创业者联盟资源的质量和可持续性，是创业者需要考虑的重要问题。一些创业者没有制定好公司的发展规划，使得公司的后续发展动力不足，最终走向破产。这样的公司不会为联盟贡献任何资源，还会占用联盟中的现有资源。

对此，创业者可以设置一些筛选规则，以保证进入联盟的公司拥有一定的存续能力和发展空间，确定其是值得联盟扶持的。如何设置创业者联盟的入驻条件？以某创业俱乐部的入驻条件为例，如表8-1所示。

表 8-1　某创业俱乐部的入驻条件

入驻条件
（1）创业团队负责人必须为企业高级管理人员
（2）创业团队自愿接受俱乐部的规章制度
（3）创业项目应符合国家法律、法规及政策规定
（4）创业项目应具有一定的创新性或发展潜力
（5）创业团队应具备一定的启动资金以及承担风险的能力
（6）创业团队入驻俱乐部后，必须要积极参与俱乐部内的活动

入驻条件规定了创业者的身份。这样的规定一定程度上保证了联盟内人员的纯粹性，也保证了联盟内的平衡性，所有公司的发展程度、人员背景、发展过程都不会有太大差别，因此，不同的公司在贡献和利用资源时是相对公平的，很少会产生贡献和索取不对等的情况。

创业者在制定联盟的筛选规则时，也可以设置一定的入驻条件来限定联盟成员的身份。如对入驻公司的规模、优势等做出评判，根据入驻公司的综合评判结果确定是否同意其加入联盟。

创业者还要注意对入驻公司存续性的要求。入驻联盟的公司是要共谋发展的，因此，是否具有发展潜力也是筛选联盟成员的重要标准。这要求入驻公司应具有一定的前期资金和完备的发展规划，既能保证自身的存续性，也能为联盟贡献资源。

制定联盟筛选规则的目的是吸引更多优质的公司加入联盟，同时将劣质公司拒之门外。这样的准入机制能够提高联盟的运转效率，为联盟内的公司积累更多资源。

8.4　如何提高互助性

实现互助是建立创业者联盟的重要目的，创业公司通过相互帮扶从而在市场中站稳脚跟。怎样的互助才能达到事半功倍的效果？如何让各公司拥有的资源得到最大程度的利用开发？怎样在竞争中实现互助？这些都是创业者在建立创业者联盟时需要关注的问题。在提高联盟中公司间的互助性方面，创业者需要掌握以下几种方法。

（1）优势互补

联盟内的每个公司都有自己的优势，这些优势体现在资金、人才、技术等方面。各公司在不同方面的优势有利于在彼此的合作中实现优势互补。在合作时放大己方优势，充分利用对方的优势，以便在合作中实现共赢。

日本宫崎县的昭和公司和长野县的平出公司已是二十几年的合作伙伴了，这源于双方最初的一个互补性的尝试。

昭和公司原本是大公司旭化成的外包公司，专门负责金属切削加工。受日本泡沫经济的影响，昭和公司的经营受到了极大影响。就在此时，昭和公司联系到了以精密钣金技术著称的平出公司并达成了合作。这次合作给双方公司都带来了新思路，昭和公司借助精密钣金这一新的业务领域走出了发展的困境，而平出公司也借助昭和公司开拓了在九州地区的业务市场。由此，两家公司借助彼此的优势实现了二次繁荣。

（2）产品互补

有时候联盟中的两家公司在业务方面并没有交集，但并不意味着它们的产品也不具有相关性。市场永远是处在变化之中的，一种产品的销售有时可以带动另一种产品的销售。

例如，有两家公司，一家公司主要生产净水器，另一家公司主要生产空气净化器，这两家公司看似没什么交集，但随着人们对于家居环境要求的提升，"家庭净化"成了新时代家居的一大主题。净水器和空气净化器都是符合"家庭净化"这一主题的，这两家公司的产品也就产生了交集。

在满足用户需求方面，这两家公司的产品是具有相关性的，是"家庭净化"中的两个不同的方面。所以净水器和空气净化器可以作为"家庭净化"套装捆绑销售，以实现产品销量的提升。

（3）形成供需链

什么是供需链？简而言之就是"供应—需求"这一过程。联盟中的公司经营的产品和提供的服务各不相同，可能某家公司经营的产品或提供的服务就是另一家公司经营过程中所需要的，这样一来就形成了供需关系。

以家居行业为例，近年来用户愈发注重产品的品质和消费体验。一些大型家具制造公司开始提供定制、配送等个性化服务。一些中小家具制造公司也开始和其他建材、设计、物流以及仓储公司合作，以完善自己的服务体系。联盟中的各公司可根据业务间的联系形成供需链，通过业务合作完善公司的服务体系或提高产品的推广力度。

（4）分担订单

公司在建立初期，可能会遇到超出公司业务能力的大订单，因难以满足客户需求而错失良机。有一个很合适的办法能够解决这一问题，那就是"组队接单"。接到大订单的公司可以在联盟内找到另一家与自己公司生产同样产品的公司，合作接下订单。这样既不必放走大订单，又可以缓解公司生产和资金方面的压力。

如果创业者接到一个大订单，而自己公司的生产规模较小，难以按时完成任务，也可以与客户协商把订单分解开来。创业者可以和联盟中的几家公司合作完成订单。这样分担订单的方式不仅可以提高联盟内各公司的互助性，还会提高订单完成的效率。公司完成订单的效率有了保证，也会促使客户再次与公司开展合作。

创业者在管理创业者联盟时，要积极与联盟内的公司开展合作。同时，对于合作方存在的问题，创业者也要积极为其提供帮助。

例如，A公司建立了一个创业者联盟，联盟内的B公司是A公司的供应商，为A公司提供塑料件材料。该公司供货态度很诚恳，但总是不能按期按质供货。

后来A公司到B公司进行现场调查，了解到B公司管理水平有限，技术又跟不上，于是A公司主动向B公司提供技术支持和管理培训。经过一段时间的改善，B公司的管理水平和技术水平都得到了很大的提升，所供材料的质量和交货期也得到了保证。自此，A公司与B公司持续深入合作，双方公司的利润都有所提升，实现了双赢。

创业者联盟各公司间的互助合作是创业者联盟的一大特色，各创业公司联合成整体，能够实现风险共担、互助共赢。各创业公司互相把各自的产品、技术，市场等优势进行共享，可以弥补各自的不足，从而推动公司的快速发展。

8.5 上、中、下全方位串联方法论

创业者联盟中的公司在互助的过程中会形成供需链，一个公司在创业者联盟中很可能会找到自己的上下游公司。创业者如何将自己的上下游公司与本公司串联起来，形成稳定的产业链，把握机遇，规避风险，是创业者需要关注的又一难点。

在一个产业链中，如果一家公司是生产制造公司，那么上游公司就是为其提供技术、原材料或初级产品的公司，下游公司就是该公司生产产品的经销商公司。其中，上游公司往往利润相对丰厚、竞争相对和缓，原因是上游公司一般都掌握着某种重要资源，比如矿产资源、核心技术等。

产业链中的上游、中游、下游公司是相互依存的。如果没有上游公司提供的原材料，中下游公司就无法进行产品的加工、制造和出售。如果没有中下游公司将原材料加工制成产品投入市场，上游公司的原材料也会失去价值。产业链的上游、中游、下游公司的联系十分紧密，彼此之间的协同合作能够完善产业链、加速产业链中各环节的运转。

昆山市在招商时曾使用过这样一个策略，将一台笔记本电脑拆开，分成1000多个主要零部件，以电脑组装的流程为基准，秉持"缺什么，补什么"的原则，按照电脑的生产环节进行招商。

在这种招商政策的影响下，昆山市吸引了越来越多的IT（互联网技术）公司，这些种类不同的IT公司不仅完善了昆山市的IT产业链，也使得IT产业链越拉越长，最终形成了庞大的IT产业集群。这次根据产业链招商让昆山市在IT行业站稳了脚跟，具备了很强的竞争力。

产业链的完善对于上中下游公司的发展十分有利。因此，为了推动公司的发展，创业者要在联盟中找到自己的上下游公司，并积极地开展合作。谋求产业链各个环节的有效串联能够加深联盟中各公司间的合作，这种合作不仅有利于创业者自身公司的发展，也会实现各公司的共赢。

创业者在建立联盟时，要明确联盟的目标公司不仅是技术、人才等资源相似或业务相同的公司，更要以一种全局的眼光看待联盟的发展，着眼于本行业产业链，积极吸收上游或下游公司进入联盟。这样，上中下游公司有了精诚合作的平台，就能够在相互合作中实现公司长远的发展。而创业者也可以在与上下游公司合作的过程中，及时了解行业动态，调整经营策略，使公司更好地发展。

>>>> 第9章

极简时间：创始人只做
关键的20%

　　创业者在创业过程中需要做的事情有很多，市场变化、用户需求等都是创业者需要关注的重点。在公司运营的过程中，资金如何使用、产品如何研发、员工如何管理等都是创业者需要思考的问题。

　　这些问题会花费创业者大量的时间，为了解决这些问题，一些创业者会在工作上投入越来越多的时间，却从不曾回顾自己的时间都用在了哪里。学会极简时间管理，高效利用时间，只做关键的20%，创业者才能从繁多的工作中解放出来，提高工作效率。

9.1　目标设定：写下待办事项清单

　　如果创业者没有目标，对自己每天要做的事情没有清晰的规划，其工作效率也难以保证。"时间就是金钱，效率就是生命"，创业者必须要提高自己的工作效率。

　　创业者管理时间的第一法则就是要设定目标。作为一个公司的领导者，创业者所制定的目标并不是单纯的个人目标，这个目标关乎公司和员工的发展成长，具有"风向标"的意义。

　　在设定目标这一问题上，创业者可能会陷入一个误区，即只制定宏观上的大目标，而不对大目标进行细化，这是不对的。宏观的大目标固然重要，但是不细化目标就无法将目标落实，因此，创业者必须要设定好各种可以实现的小目标。

　　设定目标的目的是梳理手中的待办事务，然后逐一实现目标，以免留下错漏。这可以使创业者清楚地看到每项任务的进程，明确自己的办事效率，同时，这些小目标的不断实现也会提高创业者的自信心，使其获得满足感。

为了更有效率地完成工作，创业者可以列一个待办事项清单，设定好一个个的小目标。在设定目标时创业者需要做到以下几个方面。

（1）确定目标实现的理由

创业者要清楚设定目标的理由，以明确完成目标后的得与失。在时间管理中，最难的不是知道自己应该做什么，而是知道自己不应该做什么。无目的的目标不值得浪费时间，只有根据设立目标的理由，明确利益得失，有效取舍，将大目标与小目标结合起来，才能够得出一份高效的待办事项清单。

（2）量化目标，设下时限

目标的完成量必须是一个精准的数值，以便日后归纳和统计。另外，目标不能永远处于"实现中"，目标失去了时效性，就没有了完成的意义，所以创业者必须要限定目标完成的日期。这个时间可以限制在某年某月某日，或是规定这个目标在多长时间内必须完成。

把握时机是创业者创业成功的关键，目标完成时间的长短是创业者能否把握机会的一个决定性因素。一个好的项目往往因为开展得较晚而错失最好的发展时机。因此，创业者在设定目标时要注意目标的时效性，具有时效性的目标能够激励创业者提高工作效率，把握住公司发展的时机。

（3）明确实现目标所需的条件

如果创业者不知道完成目标所需的条件，就会无从下手，自然也难以完成目标。很多创业者是这样设定目标的：现在推出一款应用程序，然后筹集资金并投入资金大力推广应用程序，目标是在应用程序推出的三个月后获得一千万用户。这种泛泛而谈、没有细化具体过程的目标是没有意义的。

因为市场是在不断变化的，这其中会有很多因素制约着目标的实现。在推出一款应用程序时，创业者要思考这个应用程序是否完善？在筹集资金时，创业者要思考通过哪种方式筹集资金？在获得用户方面，创业者要思考应用程序需要通过什么渠道来吸引用户，需要提供什么样的服务才能留住用户？这些达到预计目标的条件都是创业者需要思考的。

明确目标实现所需要的条件能够提高目标完成的概率。创业者要从多方面思考实现目标所需要的条件，这能够促使创业者提前做好准备，确保目标顺利实现。

（4）预测实现目标的具体效果

在设定目标的同时，创业者要根据手中现有的人力和资源，预测目标的实现效果，同时还需要分析目标实现过程可能会遇到的问题，以便提前做好应对准备。

在创业过程中，创业者要尽可能地降低突发状况对公司发展造成的不良影响，避免时间和资源的浪费。因此，创业者对公司发展的每一个环节都要做到心中有数，这样在应对紧急状况时才能做到平稳处理，将其对公司的影响降到最低。

当创业者按照以上要求设定好目标，这个目标才是完整的。有价值、可量化、有时限、可实现的目标才是创业者值得付出时间的。当然，随着外部环境的变化，也许在创业者实际操作时会发现有一些目标并不适合当前的发展。这时，创业者可以对这些小目标进行调整，但是要保证目标的大方向不变。

9.2 要事第一：时间四象限法则

在创业初期，由于资金和人员的短缺，创业者往往会经历一个事事都要亲力亲为的阶段。要做的事情纷繁复杂，而创业者的精力是有限的，难以将每一件事都处理好。

事情越是琐碎繁杂，越容易在细微的地方出现纰漏。为了更好地管理公司，创业者在处理事务时要遵循"要事第一"的原则，只做最重要的事，忽略无关紧要的事。

史蒂芬·柯维在《高效能人士的七个习惯》中提出了时间管理理论——时间四象限。依据这个理论，创业者可以把工作按照重要和紧急两个维度进行划分，将要做的事情分为四个象限，如图9-1所示。

第一象限即A象限，代表的是重要且紧急的事务。如即将到期的工作、即将召开的会议等。这类事务在完成后往往能够带来附加价值，或者能够实现某种目标，同时，这类事务失败后的影响也是比较大的，因此创业者必须把这类事务放在优先地位，投入较多精力将这类事务处理好。

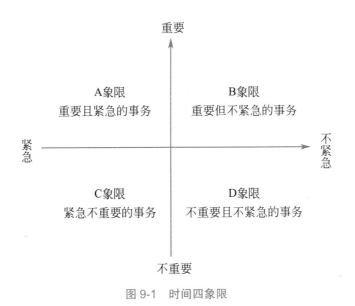

图 9-1 时间四象限

第二象限即B象限，代表的是重要但是不紧急的事务。这一象限中的事务往往是一个长期的规划，会带来一定的收益和回报。例如公司未来的发展方向、潜在问题的预防、组织培训等。这一象限中的事务都是必须要做的，但是在时间安排上并不紧急，创业者可以暂缓完成这类事务。

第三象限即C象限，代表的是紧急但是不重要的事务，这些事务在完成后不会带来相应的附加值，但是又需要马上完成，例如有人电话约谈、突然到来的访客等。这一象限中的事务大多是临时发生、需要创业者立即去做的事务，但又不会对创业者的利益有太大影响。因此，创业者可以把这些事尽量分派给别人去做，以节省自己的时间去解决第一、第二象限中的事务。

第四象限即D象限，代表的是不紧急也不重要的事务，这些事务对于创业者而言是没有必要去做的，不去处理这类事务也不会对工作产生影响。

例如办公室聊天、阅读无意义的小说、看电视剧等。这一象限中的事务基本都是无聊、无意义的小事，需要创业者在权衡之后舍去，以节省时间完成更重要、更急迫的事情。同时需要注意，虽然这一象限中大多是一些休闲活动，但并不是所有休闲活动都应被舍去，劳逸结合能够使创业者更好地保证工作效率。

创业者可以利用时间四象限法则，将工作按照重要程度和紧急程度划分成不同的类型，再根据顺序依次处理不同类型的事务。在实际操作中，创业者应如何评估事务的重要程度或紧急程度？对事务进行评估时，创业者需要根据职业价值观来判断事务的重要程度，根据时间底线来确定事务的紧急程度。在归类事务时，创业者需要掌握以下三个步骤。

① 创业者要为所有的待办事务设置两个标签，分别是"重要程度"和"紧急程度"。

② 创业者要将待办事务按照"轻重"进行区分，明确不同的事务是重要还是不重要。

③ 创业者要将待办事务按照"缓急"进行区分，将所有事务以时间截止期限为标准区分为紧急或不紧急。

通过以上三步，创业者就可以将待办事务分类归纳到对应的四个象限中。

在处理事务时创业者需要注意，第一象限和第二象限中的事务同属于重要的事务，仅在执行时间上存在区别。第二象限中的事务如果没有被及时处理也可能会转化为第一象限中的事务。以完成一项目标为例，在距离目标完成期限还有100天时，它是第二象限中的事务，但到距离目标完成期限还有3天时，它变成了第一象限中的事务。

第一象限中的事务往往都是急迫的，需要创业者马上完成。在处理第一象限中的事务时，由于时间紧迫，往往事情的完成效果会大打折扣，即便投入了大量精力也难以有满意的结果。对此，创业者要尽量减少第一象限的事务，制订合理的计划按时完成第二象限中的事务，尽量避免第二象限中的事务转化为第一象限中的事务。

创业者的时间是十分宝贵的，用有限的时间做更多重要的事情，才能更快走向成功。通过时间四象限分类事务，创业者能够做到科学管理时间，做到"只做要事，不做杂事"，提高工作效率。

9.3 精力专注：不同时处理多项事务

创业者的工作十分繁忙，为了应对繁忙的工作，很多创业者都会同时处理多项事务，甚至把能同时处理多项事务当做是自己必备的能力。然而同时处理多项事务并不能提高工作效率，还会使创业者大脑中的事务过于繁杂，很难理清思路、过滤掉不必要的信息，创业者从一项事务转换到另一项事务的速度会慢很多。将精力专注于某一件事，才能够实现时间的科学利用，提高工作效率。

如何保持精力专注？著名投资人沃伦·巴菲特曾分享过他的三步走策略。

（1）列出你必须做的每件事

确定要做的事是专注处理事务的前提。一个人的专注力是有限的，因此，创业者必须专注于最重要的事。在挑选最重要的事时，创业者首先需要把必须做的每一件事都列出来。

（2）圈出最重要的20%的事项，可以得到80%的结果

即使创业者列出的这份清单里全都是亟待解决的重要事务，它们也有主次轻重的区别。在这一步，创业者需要看清哪些事务才是重中之重，明确哪些事务才是推动公司发展的决定性因素。高效地完成最重要的20%的事务，往往能够达到80%的结果。

（3）学会说"不"

创业者必须要清楚，在已经确定一件最为重要的事务并要为之付诸行动的时候，其他事务就必须要"靠边站"了。要想高效专注地处理主要事务，创业者一定要学会对分散精力的事情说"不"。学会拒绝，能使创业者从纷繁的工作中获得解放，为重要事务留出时间。

对于创业者来说，专注于一件事并不等于效率低。在公司发展的大方向定好以后，只要创业者努力的方向没有偏差，一步一个脚印，把好公司发展的每一个关卡，一天一天积累下去，就会走出公司的发展节奏，推动公司快速发展。

"只有两种动物能到达金字塔顶端，一种是苍鹰，一种是蜗牛。"苍鹰能够到达金字塔顶端是因为它们生来便拥有飞翔的能力，而慢吞吞的蜗牛能够到达金字塔顶端是因为它一直沿着自己专注的方向努力。

这就是专注的力量，它可以让一个人的潜力得到极致发挥，让一个人的所有精力集中到一点。创业者的时间和精力都是有限的，用有限的时间和精力去处理更重要的事务才是一个成功的创业者应该具备的能力。

9.4 适当授权：用金钱换时间

有时间管理咨询专家认为，授权是管理者最重要的组成部分。创业者要学会适当授权，把一些不太重要的工作分担给员工，将自己的时间和精力用到规划公司未来的发展上。拥有长远眼光的创业者才能使公司拥有更大的上升空间。

授权是指创业者为员工提供更多的自主权，把手头的事情分配给他人，自己只从整体上把握事务的大方向。这看起来很好理解，但很多创业者都没有做好授权，看似把事情分出去了，却还是从头管到尾。授权是有技巧、有学问的，创业者在授权时要注意以下几点。

（1）授权的人

首先，创业者要注意，被授权的员工必须在自己的掌控之下，能够按照相关要求行事。其次，授权并不是创业者把自己不喜欢或是感觉有困难的事务随意分出去。授权的意义有很多，可能是因为这项工作由员工来做效果会更好，让自己有更多的时间花在其他只能由自己来做的事务上，也可能是因为授权后的分工更有利于工作的进行。这时创业者就要考虑，员工之中谁具有解决这部分事务的能力，以此来保证授权的有效性。

（2）授权的事

创业者应清楚哪些事可以授权，哪些事不可以授权。一般而言，那些紧急但不重要的事务可以授权给员工去做。在授权的时候，创业者必须告诉员工工作的内容以及可能遇到的困难和要承担的责任，在经过沟通、确认对方有能力解决这些事务后，创业者再将事务授权给员工。

在授权涉及多个部门时，创业者需要对每一个部门讲明目标，讲清责任，明确权利，责任到人。这样既可以有效避免各个部门之间相互推诿，又能让创业者在工作检查和复核时知道每位员工的工作。

（3）授权的时间

关于授权的时间，创业者要根据事务的重要性与被授权员工的能力来确定。创业者可以采取小部分、短时间的授权方式来考核被授权员工的能力，如果员工考核合格，创业者就可以将其作为发展的人选，让其承担需要时间更长的、更重要的事务。

（4）授权的方式

授权的方式指的是创业者需要考虑在什么场合，用什么方式对员工进行授权。创业者既要保证授权的权威，又要保证被授权的员工能够充分行使权力，防止被授权的员工在处理事务时出现程序混乱或者其他员工"不买账"的现象。

（5）授权后的监督与检查

授权后进行监督与检查是十分关键的环节，但往往被许多创业者忽视。有些创业者不管大事小情，授权给员工之后就不关注事务执行的过程了，只在最后检查结果。这是十分危险的，很容易造成被授权的员工在工作中擅自主张，甚至滥用职权的现象，破坏公司正常的管理秩序。为了避免这种情况，创业者要在授权后做好事务的监督和检查工作。

对此，创业者可以列出一个授权后的等待清单。等待清单中的事情虽然是授权出去的、不需要创业者亲力亲为的事务，但是创业者也要设置时间点进行定期跟进，随时关注事务进度。在这个过程中，创业者要随时根据现状进行调整，如果发现被授权的员工遇到困难，就要适当地给予资源上的支持。

在了解了授权中的注意事项后，创业者还要了解授权的基本流程。

首先，创业者在授权前，需要与被授权的员工讨论事务的目的、目标、工作标准及工作责任，要将事务的每一个细节以及涉及的人员、部门等与被授权人一一沟通，避免在开展工作时"一做一问"，从而节省部门间上传下达的时间，保证事务进展更加顺利。

其次，创业者需要明确被授权的员工及组织中其他负责人的工作责任，并在事务进行中时不时地监督、检查其工作。创业者必须知晓流程中的每一个变化，保证在突发事件发生时可以立即作出反应。

最后，创业者需要规定被授权的员工向上级报告的时间和次数。定期听取被授权员工的报告是创业者紧盯事务发展的好方法，既可以随时关注事务进行的情况，又能督促员工不要把所有的事情拖到最后一刻，同时也能保证事务完成的效果。

创业者要注意，授权后的监督检查虽然很有必要，但是不可过于严苛，要想成功授权，必须要信任员工。

广东一家食品厂的老板为了能如期完成订单制订了加班计划，加班费十分可观，加班的员工不少，但最终还是没能如期完成订单。

这是为什么？该厂老板虽然制订了完善的加班计划，发放可观的加班费，并将工作授权给了各组组长，但是他非常不信任员工，经常在工作时严密监视所有员工，包括各组组长。久而久之，各组组长不愿意承担任何职责，工厂的员工也十分懒散，最终导致订单没有按时完成。

因此，为确保授权的成功，创业者必须将授权责任到人，这样才能使员工明确自己被授权的权力，从而更好地完成工作。

小周是青岛某科技公司的创始人，为提高公司效率，推动公司快速发展，小周对各部门的管理人员进行了明确的授权。小周先是授予了公司经理一定的实权，让其管理公司的大小事务，然后将管理财务的权力交到财务总监手中。小周明确规定了每个部门中每个主管的职责，还对交叉工作的责权关系做出了明确的规定。这种明确的授权能让员工感到自己是被信任的，在很大程度上提高了员工的执行力。

在适当授权时，创业者应该为事务能否完成设一重保险，例如制定适当的奖惩制度，根据事务完成的效果对员工进行奖励或处罚，以此激励员工努力完成工作。

适当授权是一种用金钱换时间的行为。用金钱换时间即用当下的较小的利益去换取长远的、更多的效益，这能够为公司的长远发展打下基础。创业者一定要学会用金钱换时间，将部分不太重要的事务授权给员工，才能节省出时间更好地处理更重要的事务。

9.5　猴子法则：领导没时间，员工没事做

创业者既然无法事无巨细地亲力亲为，就要把一些事情分派给员工来做，这其中不乏一些影响公司运营的重要事情。指导员工在有限的时间完成正确的事情，这是创业者在进行决策和监督时的重要任务。

管理领域有一个著名的管理理论——"背上的猴子"。"猴子"是指"下一步的动作"。

例如，创业者小王在走廊遇到一位员工，该员工表示有一个问题需要谈一谈，于是小王花了十分钟的时间听员工叙述问题的来龙去脉。这样便耽搁了小王原先要做的事，而他获得的信息也只是让其决定介入此事，并没有做出决策的时间。于是小王说："我现在不方便和你讨论，让我考虑一下再找你谈。"

在这个案例中，"猴子"即下一步的任务原本在员工的背上，而最后当小王表示要考虑一下再谈时，猴子便转移到了小王的背上。员工则成了监督者，他会经常来问："那件事接下来要怎么样？"如果小王的解决方式不能让员工满意，这件事自然就落在了小王的头上。

当创业者接收这些"猴子"时，员工会认为这是其主动接收的，因此，

创业者接收的越多，员工给的就越多。长此以往，创业者会被其他一些本来不是自己工作上的问题所困扰，甚至没有时间照顾自己的"猴子"，工作效率会大打折扣。

这就是"猴子法则"想要说明的问题。创业者应该将时间投资在最重要的管理层面上，而不是养别人的"猴子"。创业者要能让员工自己去抚养他们的"猴子"，自己管理自己的工作，让他们知道你只是一个建议提供者，而不是一个"救火队员"。这样，创业者才能有足够的时间去做规划、协调、创新等把握全局的工作，让整个公司持续良好地运作。

创业者需要注意，这个法则只适用于有生存价值的"猴子"，也就是对公司发展而言重要的工作。其他不该存活的"猴子"，即无意义又不急迫的小事，应从计划清单中移除出去。

猴子法则的目的在于帮助创业者在合适的时间找到正确的人去完成某件事。而创业者要确保自己在这个过程中是帮助员工做出决定的人，而不是完成任务或者下达指令的人。另外，在创业者帮助员工作决定时，要记住以下准则。

首先，需要员工做决定的事，一定要让他们自己做决定。这是要员工独立完成工作的第一步，如果事事都需要创业者亲自做决定，那么实际上这项工作并没有被分配出去，员工只是承担着劳动工具的角色，其自身没有任何主动性，只是在机械地执行命令。

其次，做决定意味着负责任。逃避做决定意味着员工潜意识里不想承担责任。这是和授权管理中责任到人的原则相违背的，推诿做决定就等于推诿责任，很容易导致分配工作时已经确定好的权责关系发生混乱。

再次，创业者需要清楚导致员工不愿意做出决定的原因，然后"对症下药"。导致员工不思考问题、不习惯做决定的原因一般有两个：其一是习惯性地依赖创业者或其他同事，这样的员工由于性格上的缺陷可能不适合独立负责一个项目；其二是创业者经常代替员工做决定，长此以往，公司就会变成"一言堂"。虽然创业者在公司中拥有绝对的权威，可是创业者却需要事事过问，员工成了可有可无的人，这样的公司是难以发展壮大的。

最后，创业者需要引导员工自己想办法、做决定，训练员工独立思考的能力。创业者要让员工摒弃"依赖性思维"，知道创业者不能为他做决定，只能提供建议。创业者要训练员工全面分析、思考问题的能力，当员工的思考表现出局限性时，可以提示他从其他角度思考问题。创业者还要增加员工的自信心，让他们有能主动承担责任的行动力。例如当员工提出合理的建议时，要及时肯定其想法，并鼓励其大胆尝试。

据此，上述提到的例子，可以有这样的解决办法。

创业者小王在走廊遇到一位员工，该员工表示有一个问题需要谈一谈，于是小王听他叙述了问题的来龙去脉。听完之后，小王问他："对于这个问题，你觉得应该怎么办？"员工说："我是因为想不出办法才向你求援啊。"小王回答："我觉得你可以想出更好的办法。这样吧，你明天下午带几个策划方案来我们一起讨论。"告别前小王还补充道："要是实在想不出解决的办法，你可以找几个搭档一起讨论，明天我等你们的答案。"

这样，员工身上的"猴子"在经过一番周折后，最终又回到了员工身上。而小王也并不是没有起到作用，这次谈话为员工开阔了思路，并得到了小王会提供建议的承诺，事情不会就此搁置。但这件事情最后还是会由员工来解决。

第二天，员工带着策划方案如约前来。他似乎已经胸有成竹了："老板，根据你的指点，我做了三个还可以的方案，现在就请你决定哪一个更好。"

在对三个方案进行分析后，小王已经知道哪个方案更好，但他并不急着帮员工做决定，而是说："太棒了，这么多方案。相比较你觉得哪一个方案更好？"员工回答："我觉得A方案更好一些。"小王表示："这个方案确实不错，不过你有没有考虑过这种情况？"接着讲述了自己的思考，而员工在进一步思考后也表示："有道理，应该选择B方案。"这时小王讲道："非常好，我也是这样想的，那就按你的意见去办吧。"

在上述案例中，虽然小王早就知道要选B方案，但依然花费了一些时间引导员工自己选出了B方案，这能够锻炼员工的思考能力，小王的引导是十分有必要的。创业者通过引导让员工自己做出决策，这能够降低员工对创业者的依赖感，激励其主动承担责任。

创业者想让公司发展壮大并不是一个人就能做到的。一个"领导没时间，员工没事做"的公司是不会走得太远的。创业者需要让员工能自己喂养自己的"猴子"，主动承担自己的责任。每个人在公司中既是决策者也是执行者，这样公司才能日渐壮大。

极简时间是一个概念，更是一种方法，创业者需要高效地处理最重要的20%的事情，以实现80%的效果。创业者管理的是整个公司，公司的任何一个环节出现问题都会影响公司的运转。在管理公司的过程中，需要所有员工高效率地配合，因此，创业者必须引导员工思考，让员工勇于担责，以提高公司的运转速度。

第10章 ≪≪≪

焦虑管理：走出越想做好
越糟糕的怪圈

　　在创业过程中，创业者往往会面临非常大的风险与压力，许多创业者会感到焦虑。适度的焦虑可以给创业者带来动力，促使其更好地工作，而过度的焦虑会消耗创业者的精力，使其长期处在应激状态下，导致事事都难以为继。

10.1　从改变信念到觉知

　　公司发展的前100天是公司发展最快的阶段，也是决定公司命运的重要节点，面对这样的强风险和公司的生死压力，许多创业者会产生各种负面情绪，而焦虑就是其中最主要的负面情绪，可以说焦虑就是创业的附属品。

　　创业者是公司的领头人，创业者的情绪状态影响着员工的工作状态。如果创业者能够保持良好的情绪状态，很大程度上就能让公司朝好的方向发展。但实际情况多是创业者被一些棘手的问题困扰，常处于负面情绪中，被焦虑缠身，从而降低了其决策能力，给公司的运营带来了风险。

　　当被焦虑缠身时，很多创业者并不知道怎样排解。很多创业者认为展现出失败脆弱的一面是一件很丢脸的事情，所以会苛刻地要求自己随时保持最好的工作状态，而这样的情况反而会使创业者更容易陷入焦虑状态。这样的想法并不利于创业者调节情绪，创业者要改变这种想法。

　　美国心理学家阿尔伯特·艾利斯提出了一套情绪ABC理论。该理论指出，情绪是一种反应（C），这种反应由事件（A）引起，但是事件（A）并不能直接引发反应（C），而连接事件（A）和反应（C）的是信念（B），如

图 10-1 所示。

图 10-1　情绪 ABC 理论

　　一般来说，事件（A）是由外部客观事实引起的，难以改变，所以要想改变情绪（C），就需要改变内在信念（B），也就是创业者自身对外部事件的解释和评价。

　　如果创业者连续给一个客户发送短消息，但客户一直没有回复，创业者很容易在等待过程中变得焦虑。在这个时候，创业者应该如何去调节焦虑的情绪？最好的办法是转换一下思维，调整内在信念（B）。

　　创业者可以换一个想法，思考客户没有回复信息的原因，可能是客户没有带手机，可能是客户在吵闹的环境中没有听见手机的消息提示，可能是客户有重要的事情不方便回复信息等。当创业者能够把内在信念转换为对方是因为一些客观的原因没有回复消息，而不是主观上故意不回复消息时，负面情绪就会得到缓解。

　　创业者改变信念的同时，还要学会觉知。觉知是佛学中的重要概念。觉知是一种先于思维的知晓，如觉知到身体在动，其中知晓是先于头脑思维的。当没有明显的觉知对象时，觉知就是一种存在感，即我们最为熟悉的感觉。

　　创业是一件非常考验创业者自身能力的事情，在创业的过程中，创业者需要经受精神上的巨大压力。为了能够消解这样的负面情绪，单凭情绪ABC理论还不够，创业者要学习觉知负面情绪，并进一步消解这种负面情绪。

创业者想要练习觉知，首先要找一个安静、安全的地方觉知自己的呼吸，觉知自己呼吸的长和短、粗和细，在觉知的过程中不要带有任何的紧张感，有任何在觉知过程中想要控制自己呼吸的行为都是没有进入觉知状态的表现。

创业者要熟悉自己呼吸时的感觉，就像熟悉自己的身体一样。当呼气和吸气时，创业者能保持很平静的状态，并且做到对呼吸有亲近感，这就说明创业者自身的觉知能力比较好。接下来创业者需要继续发展这种亲近感，通过对呼气和吸气的觉知发展这种亲近感。

如果创业者不能够持续觉知，那么在做其他事情的时候就容易产生疲劳感，这时候就需要通过增加训练来提高自己的觉知力。提高觉知力的唯一途径就是勤恳练习，只有持之以恒地联系觉知自己呼吸的长短和粗细等，才能达到练习的效果，才能保证觉知力逐渐增长。

如果创业者能够做到长久地觉知自己的呼吸，就会对自己的呼吸状态有清楚的了解。当情绪处于激动或是焦虑状态时，气息就会变粗；当情绪平静时，气息就会平稳。当创业者能够做到觉知呼吸的变化时，就代表觉知能力已经增强了。

在创业者保持呼吸通畅的状态时，觉知力也会变得非常敏锐。创业者能够感受到呼吸带动自己的身体上下起伏，感受到自己的觉知力增强，从而自然地感知身体的各个部位，逐渐舒缓生硬和紧绷的地方。通过不断地觉知，身体能够逐渐放松；当身体放松时，"心"就会变得非常敏锐且光明。这样的身心协调能够帮助创业者进入更深层次的觉知。进入更深层次的觉知就是从呼吸开始扩展自己的觉知范围，觉知到身体的其他部位。扩大觉知范围后，创业者可以选择身体的任意部位，在所选择的部位上，觉知这个部位的感觉。

通过对身体的不断感知，觉知力会不断增强。不断增强的觉知力会帮助创业者进入更放松的状态，创业者由此能够不断地转化自己的负面情绪，直至走出焦虑的怪圈。

10.2　清楚发展节奏：创业进度有其自然规律

速途网CEO范锋认为，创业节奏在创业中很重要。达晨创投的总裁肖冰对于公司发展的总结也提到了公司发展要注意节奏。其实，焦虑的本质是守不住自己的节奏。节奏，是创业过程中最容易被忽略的关键因素。

节奏是什么？对公司来说，节奏是创业者根据行业、市场和本公司的现状来把握公司快慢、缓急的发展方式。许多创业者会将公司经营的重点放在公司方向，即公司长期战略的规划上，并不重视公司的发展节奏，但事实表明，节奏把握不准确，再正确的方向也是一场空。

某包装制品有限公司的老板被爆"失联"，工厂陷入停产状态。知情人士透露，该公司此前就出现过生产原料缺货的情况，至于工厂停产、老板"失联"，是由于该公司老板在公司发展还未稳定的时候就投资房地产行业，结果资金未能在预期时间内回流，最终导致公司现金流断裂。该公司的老板想要发展多元化经营，却没有掌握好公司的发展节奏，导致公司资金链断裂，公司经营难以为继。

这个案例表明，不管处于创业的哪个阶段，创业者有什么样的发展计划，都要符合公司的发展节奏，切不可急于求成。公司的发展节奏被打乱，就会陷入困境甚至走向破产。

会议服务领域的知名公司会易佳是其创始人戴坤第四次创业的成果。做为一名"创业老兵"，戴坤以敏锐的商业眼光发现了会议服务这个潜在的商机。事实证明，戴坤的眼光确实是准确的，会易佳在成立的第二年就迅速获得了一笔天使投资，并在两年后获得了A轮投资。

但是，会易佳的快速发展却止步了。由于戴坤没能对会易佳的发展节奏做出正确的预判，只想着冲刺业绩，盲目扩大招聘，会易佳在发展的第五年遇到了问题，资金链出现了危机。

值得庆幸的是戴坤及时悬崖勒马，转变了会易佳的发展思路和节奏。熬过了艰难阶段的会易佳成功转型，成了年创收3000多万元的专业会议管家服务机构。

会易佳是如何做到绝处逢生的？关键因素还是戴坤调整对了节奏。可能单纯说节奏听起来太过缥缈，难以把握，如何将节奏与实际工作联系起来？创业者可以从以下三个方面着手。

（1）花钱节奏

资金是公司的生命线，公司运营、市场推广的方方面面都需要资金的支持。要想公司正常经营下去，创业者就必须把握现金流。对现金进出的敏感和重视是创业者必须具备的基本能力。创业者对于花钱的节奏要做到时刻有数，例如手里的钱花到一半的时候，就要考虑融资的问题了，千万不能等到资金即将用完甚至资金透支的时候才想到融资。

这一方面是因为资金是公司的底牌，是公司的底气，公司没有了底气很容易被人"趁火打劫"。另一方面，手里没了资金，创业者就容易慌乱，一旦慌乱就可能打乱自己原本的节奏。这个时候部分创业者就很有可能为了获得资金随意调整公司的业务，导致公司的发展陷入危机。

对于花钱的问题，很多创业者都想只进不出，但没有资金投入公司又何谈发展？既然没有办法避免花钱，创业者就需要掌握好花钱的节奏，把钱花在"刀刃"上。

① 调整心态，做好规划。创业者完成融资后，首先要按捺住内心的激动，稳扎稳打地做规划。市场是瞬息万变的，可能实际的运营效果与创业初始预期有很大差别。现金深刻影响着公司发展的时间，创业者手上的资金越充裕，留给公司调整、缓冲甚至犯错的时间就越充分。

所以创业者要在手里刚有资金的时候，就要规划如何利用这笔资金。明确每一笔资金的去处和产生的效果，做好资金规划对于公司发展而言十分重要。创业过程中充满风险，可能本来计划能够用一年的资金，实际上半年之后就所剩无几。因此，创业者在做资金计划时要对突发状况做好预判，防患于未然。

② 花钱节奏要和KPI（关键绩效指标）及管理半径相匹配。KPI是投资人在评价公司时的关键指标，公司在与其他公司的竞争中有明显的优势，

融资时才能得到投资人的青睐。因此花钱的节奏要和公司KPI匹配。同时，创业者需要对竞争对手进行分析，如果竞争对手在客户拓展方面对客户进行补贴，创业者也要采取相同的策略，并在客户补贴的资金投入方面做好规划。

其次，花钱的节奏要符合创业者的管理半径，即花钱的节奏要在创业者的管理半径之内。花钱太多太快是许多公司都会出现的问题。假设公司的确具有能够拓展的资金实力，但是创业者的管理半径太短，就会导致公司在管理上失控。

在创立初期，创业者肯定是全程掌控公司的，但是一旦向外扩张，创业者是否有精力继续独自跟进？还是找一个合适的负责人？负责人的能力是否有保证？短期内是否能找到合适的人才？这些都是创业者需要考虑的问题。事实证明，找到一个能和创业者保持良好沟通并且思想一致的人才并不容易。创业者需要知道公司扩张做的不是加法，而是乘法。

③ 升级核心团队。对于创业公司来说，相比于扩张，创业者最应该花心思的地方应该是升级核心团队。如果一个在发展关键阶段的公司没有足够强大的核心团队，这个公司未来的发展速度就很有可能低于市场水平，甚至走向没落。

④ 建立一个好的商业模式。思考商业模式是否应该优化和升级是很多创业者容易忽视的问题，但只要涉及花钱的事情，创业者就需要仔细思考并制订清晰的规划。例如在客户补贴方面，创业者要思考补贴的具体对象是谁？该制定怎样的补贴策略？补贴策略能够带来什么样的效果？长期的ROI（投资回报率）如何？在思考这些问题的同时，创业者需要对公司的商

业模式进行合理调整和完善，以保证公司效益。

⑤ 好的财务总监是公司一道防线。公司一定要有一个好的财务总监，这对公司的发展来说至关重要。由于大部分的创业者并不是科班出身，对于财务管理方面的事情经常会心有余而力不足。创业者要想制订出一个合理的花钱规划，并保证良好、彻底地执行，就必须选择一个优秀的财务总监。

财务总监是公司的守门员。创业公司发展的各方面都需要花钱，创业者可能不知道哪些钱是有必要花的，哪些钱是没有必要花的。但是一个优秀的财务总监能够避免把钱花在不必要的地方，提高资金的利用效率，为创业者守住资金的最后一道防线。

（2）人才节奏

创业者独自一人无法支撑起整个公司，人才的支撑对于创业公司而言十分重要。但是创业者在招聘人才时，也要把握人才的节奏。很多创业者在招聘人才时都会陷入几个误区。

第一个误区是盲目扩大团队规模。公司需要人才，但是人才一定要依据公司的业务规划来招聘，以便形成合理的人才结构。创业者要想扩展业务、完善公司的各个职能，增加人员是必须的，但在招聘人才前，创业者需要明确人才的类型和数量，做好招聘规划。

为了使公司职能更加完善，很多公司会盲目地扩大团队规模，团队迅速从十几人扩展到上百人。团队规模扩大了，公司的用人成本也提升了，但是过于庞大的团队规模会破坏公司原本的发展节奏。

在创业初期，公司的员工都怀揣着同一个梦想共同努力，每天事务繁忙，每个人的工作量十分饱和。而员工规模扩大之后，每个员工的工作变少了，难以充分地展现员工的价值，同时，员工之间的摩擦也会变多，不利于创业者管理员工。

因此，创业者一定要严格控制人员数量，不必要的岗位可以考虑不设置，能力并非十分优秀、不认同公司发展理念的人员可以不考虑。一支小而精悍的"尖刀部队"要比大而无能的"杂牌军队"强得多。小团队之间那种互相帮助、斗志高昂的精神更加适合创业公司。

第二个误区是盲目招揽人才。很多创业者求贤若渴，招揽了大量能力出众的人才，却忽略了人才难管理的问题。有能力的人为了凸显自己的能力更愿意尝试那些高风险高回报的工作，不愿意将自己的时间浪费在处理基础工作上，但是对于创业公司来说，最重要的工作恰恰就是那些基础工作。同时，不同的人才可能各有各的想法，难以团结在一起，甚至可能使公司变得四分五裂。

创业者在招聘人才时不能超越公司现状，对于创业公司来说，相比人才，更需要的是能扎扎实实工作的员工，最好的搭配是一个人才带几个有能力的员工负责一个项目。同时，创业者也可以在一定程度上维持公司人才饥渴的状态，以略有难度的工作推动员工的成长，为公司培养人才。

此外，创业者对公司人才培养的节奏也要有所把握。一些公司存在这样的状态：很多关键岗位总是缺人，但同时公司里又有一批有潜力的人才被淹没，原因就在于创业者没有把握好人才培养的节奏。创业者要根据人才培养的规律，以3～5年为基础，持续关注人才的进步，为人才的培养配置相应的资源。培养和公司一同成长的人才，才是最适合公司的人才。

（3）发展节奏

如何把握公司的发展节奏？首先创业者要了解行业的发展趋势，敏锐地把握市场环境的变化，以确定现有业务的规模扩张或者转型升级的方式，从而对业务节奏进行合理地把控。能否迎合行业发展的浪潮与节奏是决定创业公司成败的关键因素。创业者抓住行业发展的趋势才能迅速出击。例如，威博集团就抓住了"家电下乡"的政策热潮，从一个小厂发展成了年销售额超过10亿元的集团化公司，累计生产电热水器超过千万台。

创业者要通过衡量公司的资源积累以及后续的持续供应能力来规划新业务的发展节奏，其中，创业者尤其要把握业务产出的现金流的支撑能力，充分把握新旧业务之间的咬合度。

对创业公司来说企业内部的发展节奏也十分重要，什么时候要低调小步前进，什么时候要铆劲跑步冲刺，这些都是创业者需要认真考虑的。公司发展的节奏同整个行业的发展节奏合拍，能够减小公司发展的阻力。

当然，创业者想要跟上行业发展的节奏，公司内部的条件就成了主要的因素，公司的资金是否充裕、核心团队建设是否完整等问题决定了创业者能否及时跟上行业的发展节奏。在资金条件不充裕的情况下，创业者盲目跟随行业发展进程加快节奏，很有可能会导致公司资金链断裂。同时创业者在团队建设不完善的时候加快节奏，也可能会造成管理上的失控。

创业本身就是一件高风险的事情。在公司成立的前100天，公司还处在起步期，创业者最重要的任务就是撑下去，让公司存活下来，只有生存下来才会有之后的发展。创业者要把握自己的节奏，不要过多地和市场中的其他公司比较，要将注意力放在公司的成长上。

创业就像一场生死赛，只有活下来才能进入下一轮的比拼。所以创业者要想尽一切办法撑下去，清楚地把握公司的发展节奏才能使公司走得更长远。

10.3　列出最坏结果清单：培养承受压力的勇气

"最坏结果清单"的原理来源于心理学中的暴露疗法。既然创业者很难摆脱焦虑情绪，那就勇敢地正面迎战，把能想到的最坏的结果全部列出来。最坏结果能够显示每个人的心理防御能力，列出最坏结果的目的是帮助创业者确定自己承受压力的能力。提前知道最坏结果有助于创业者对抗压力。

如果创业者一想到最坏的结果就十分焦虑，就可以将最坏的结果精确化，将发生最坏结果的公司状况精确化，这能够有效缓解焦虑情绪，精确化最坏结果能够使创业者获得一种确定感和控制感。

为了更好地应对公司可能出现的最坏结果，创业者可以列出最坏结果清单。创业者可以写出最令自己担心、焦虑的内容以及最坏的结果，如原有用户的流失、竞争对手抢走订单、产品出现致命漏洞、公司破产等。将这些可怕的结果写下来，并对每一项内容进行三项分析。

① 创业者要以恐惧程度的0 ~ 100的分值来表示出自己对这项内容的恐惧程度。

② 创业者要以想要避开程度的0 ~ 100的分值来表示出自己想要避开这项内容的程度。

③ 创业者要思考当面对这个结果时，自己会采取怎样的应对措施。

把最害怕的具体内容写出来能够帮助创业者更加理性地面对最坏的结果，也能够帮助创业者缓解焦虑情绪。当写出令自己最担心的可能事项后，创业者要给每件害怕的事情分出层次。如害怕用户流失是一个笼统的描述，在不同的环境和条件下，它引起的焦虑感和恐惧感是不同的。在公司经营步入正轨的情况下，有部分用户流失就不是很糟糕的状况；在公司经营出现严重状况时，有部分用户流失就是比较糟糕的状况。

创业者可以把每件害怕的内容按照害怕程度进行排序，然后分别给这些内容填上相应的背景条件，并写出不同条件下感受到的焦虑程度，按照0 ~ 100的分值为其打分，最后分别根据不同的条件背景为这些内容排序。

很多时候唤起创业者焦虑情绪的不是真正的事实，而是臆想出来的结果。有时创业者会臆想"万一会怎样"，于是在大脑中构建了一个可怕的后果，这是一种不合理的认知方式。当创业者开始胡思乱想时，可以尝试调节自己的情绪，比如进行深呼吸，让情绪平静下来。创业者需要理性地评估不同结果发生的可能性以及明确如果真的发生这样的状况能采取怎样的对策。

有一个十分成功的创业导师，几年前只身一人来到上海打拼，经过不断拼搏后逐渐在上海站住了脚跟，他创立的公司也发展得越来越好。有人问他成功的秘诀是什么。他说："创业时，首先要明确自己到底能承受多大的压力和打击，把所有可能出现的情况都列出来，从中挑出最坏的结果，不断问自己是否能够承受。"

他又说："其实我能想到的最坏的结果就是花掉所有的积蓄，灰溜溜地回家去，然后可能又不死心地从头再来。当我十分确定自己能够承受这份压力时，我反而不再畏首畏脚，而是抛开顾虑大干了一场。"这样的心态让他不仅变得更加轻松，还取得了意想不到的结果。

最坏结果清单是一种规划，它让创业者做最好的准备，做好最坏的打算，从而拥有破釜沉舟、背水一战的勇气。

Momself是一个专注女性教育的服务平台，创始人崔璀曾讲过这样一个故事，她有一位用户，这位用户上小学的女儿突然频繁尿床，这让用户感到很焦虑。在反复询问原因后，这位用户给她的女儿讲了许多尿床的坏处，这种做法不但没有效果，反而让女儿尿床的次数越来越多。

后来心理咨询师出了一个主意，让这位用户准备十套备用的床上用品，并和女儿说让她放宽心，晚上安心睡觉，反正尿湿了也有得换，不要再担心尿床，结果她的女儿没有了压力，从此再也没尿过床。

创业者时时想着最坏的结果，本以为自己为突发事件做好了准备，但事实上这种想法会让创业者一直处在精神紧绷的状态，可能在最坏结果发生之前创业者就已经崩溃了。因此，创业者在面对最坏的结果时，除了做好应对计划，还要做好心理准备，不要太过紧张，时时想着最坏的结果会让创业者畏缩不前。

在创业过程中，创业者要知道事情最坏的结果，准备好最坏结果的应对计划。这样最坏的结果就变得可控了，创业者只需要在发生状况时，按部就班地解决问题就可以了，这会大大降低创业者的焦虑感。

10.4　列出短期目标：避免将时间浪费在未知上

每位创业者从创业开始的那天起就要面临很多挑战，比如如何生存，怎样进一步发展，怎样建设团队，市场将会如何变化，如何应对竞争对手等，这些都是压在创业者心头的大山。在公司发展遇到瓶颈，创业时立下的宏伟目标难以实现时，创业者就会在巨大的打击下产生焦虑的情绪。

事实上，公司经营中出现的问题在很大程度上与创业者自身的习惯有关。大部分成功人士都有一个好的习惯，那就是为自己制定目标，并按步骤实现目标。这样的习惯能够帮助创业者有条不紊地完成自己的创业目标。

在设定目标之前，创业者要先确定自己的核心价值观，从表面来看寻找核心价值观与成功没有关系，但其实建立与自己价值观一致的目标是创业者激励自己完成目标的关键。创业者要思考对于自己来说最重要的事务是什么，并据此设计自己的目标。

很多创业者在创业之初都会设立很大的目标，但最终实现目标的概率并不高。因为当目标太大时，创业者会无从下手，且可能并没有实现这个大目标的能力，设定这样的目标是毫无意义的。因此，创业者在设立目标时，要尽可能地设立具体、详细且有能力实现的短期目标。短期的目标能够有效地提高目标完成的概率。

创业者在设定短期目标时，要注意设定每周和每天的具体任务，把目标以周或日为单位进行目标分解。分解目标后，创业者就能够清楚自己每周或每天的任务是什么，从而稳步完成最终目标。在完成任务的过程中，创业者应该把最艰难的任务放在状态最佳的时候去完成。

在目标任务中，创业者要设定任务的优先级，以便更好地完成任务。创业者应优先完成更为重要的任务，很多情况下最重要的任务也是最紧急的任务。分解目标并设立任务的优先级能够提高目标完成的概率。

在完成目标的过程中，创业者要树立正确的心态，心态决定成败。创业者要相信自己有能力实现目标，相信自己能够在规定的时间内完成目标，甚至能够提前完成目标。

列出短期目标之后，短期目标的实现会带给创业者一种成就感和满足感，这会缓解创业者的焦虑感。同时，短期目标的实现意味着一步步坚持下去，长期目标就可能会实现，这会带给创业者一种安定感，让其感觉未来是可控的，从而缓解其焦虑感。

创业者要从实际出发，根据公司的发展现状来确定目标。一些创业者学习了马云、潘石屹等商业巨头的成功经验后，就试图用他们的管理理论来管理自己的团队，这是不现实的。这些理论是在成功之后总结出来的发展战略，并不适合创业者。对于创业初期的创业者来说，未来存在太多的未知，创业者必须要根据自己的实际情况解决创业路上的问题。

总之，在创业路上，创业者应该把精力放在如何实现短期目标上，短期目标的逐步实现能够推动公司一步步向前发展。创业者要避免把时间浪费在未知的事情上，更不要对未知的事有过多的焦虑。创业者列出短期目标，把握当下，才能使未来的事情发展更加可控，才能从当前实现的目标中获得成就感与安定感，从而缓解焦虑。

第11章 《《《

活用六大思维：让你于高处统揽
全局贯穿始终

作为创始人，你的思想高度就是企业行动的高度，你的视野决定了企业的边界，你的决策将决定企业前进的方向。在以人为本和以客户为中心的基础上，灵活运用数据、财务、供应链、效率、迭代、安全这六种思维，让其贯穿企业整个生命周期，这将有助创始人于高处统揽全局、运筹帷幄！在创业前100天，就要让这六种思维在企业落地生根，数据采得到、见得着，资产全盘有数，供应链上下游畅通，并尽可能调试企业，使其运转流畅而高效，以应对后续的产量、订单量、客户量、服务量等的变化，并在变化中迭代优化，改善升级。

11.1　数据思维，让数据创造价值

大数据时代，再小的企业，都有自己的数据！甚至可以说，谁的有效数据量越大，所创造的价值就越大，企业也就越有价值。

当下企业的竞争，不管任何行业和商业业态，终归要进入有效数据的竞争。

企业在生产经营过程中，从不同的维度，在一定时间范围内，会产生和沉淀不同的数据，如潜在客户数据、准客户数据、商机线索数据、市场跟单数据、服务数据、投诉数据、订单数据、合同数据、资金往来数据、财务数据、生产数据、硬件设备数据、商标版权数据、专利文献数据、域名网站网店等虚拟资产数据、采购数据、价格和行情数据、竞争同行数据、供应商数据、商品数据、渠道数据、销售平台数据、员工数据、技术研发

数据、文档数据、日志数据、人力资源数据、培训学习数据、工资数据、业务提成数据、广告投放传播数据、投入产出数据、盈亏数据、媒体和自媒体数据、内容访问量数据、转化成交数据等。如何将这些数据采集获取、存储沉淀、加工处理、统计汇总、交叉分析，并不断进行有效的反复利用，是大数据时代企业数字化升级的背景下，创业者必须破解的命题。

假设，A公司需要一种你经营的产品，但你不知道A公司需要产品的线索数据，而你的竞争对手知道，那么你就因为没有这条线索数据而失去向这个客户销售产品的机会。以前，企业都单纯把这理解为市场拓展、跑业务，而没有将其视为数据的采集和存储、挖掘、加工、利用、分享给团队协同使用的过程，导致在竞争中失利；或者虽然你也同时知道这条线索数据，在竞争不过对手而失去客户的情况下就选择放弃，没有将其作为数据进行沉淀存储处理，也就没有后续进一步的挖掘、加工和利用，从而失去后续的销售机会。

数据经沉淀和交叉分析再加工后，可以形成顾客画像、企业画像、经营状况画像、竞争对手画像等，数据越多，画像越清晰，越有助于创业者准确决策。如阿里巴巴、腾讯、京东、百度等，与其叫互联网公司，不如叫大数据公司，它的一切经营行为，包括投资收购企业均依靠大数据作辅助决策，它的强大在于拥有的大数据能分析、发觉、挖掘出相对合理的商业样本，比如什么样的内衣畅销，什么样的产品受到更多消费者关注，然后按这个行业和产品方向寻找行业前三名，对比后收购即可。

罗马不是一天建成的，不要因为今天企业的弱小而忽视看似无用的每一条数据，无数细微的小数据累积后就成为大数据，再经脱敏、清洗、校验，就能为将来生产经营的升级打下基础，所以创业者应根据自身情况，在创业前100天里早早确立数据思维，逐步建立自己的数据系统（体系），重视数据的采集获取和存储，在企业迭代发展中同步升级完善自己的数据库系统和数据处理能力。

企业是有生命周期的，而有些如客户信息、交易信息、技术资料等关键的数据是无价的、长周期的，即使当下所创办的企业倒闭了，这些数据还能在下一次创业中再次发挥作用，甚至数据还可以拯救延长企业的生命周期，可见有效的数据之重要，数据思维之重要。

11.2 财务思维，做企业就是把价值增值放大

做企业的本质是做交易。交易什么呢？很多创始人有个误区，认为做企业就是把自己经营的产品或服务卖给有需要的用户，和目标用户做生意，交易的是自己的产品或服务。这个认知不能说是错的，只是片面了，导致创始人经常只顾现金流，只盯着口袋里赚了多少钱，而忽视了固定资产和无形资产，存货、货币和应收账款、企业值多少钱这些财务内容，经常是捡了芝麻丢了西瓜。认知的高度、广度、深度和视角的不同，往往会导致决策、行为和结果的巨大差异。

对于企业要实现以最小成本、合法、合理获得最大利润这一目标，做企业要讲究投入产出比（也称投入产出率，英文缩写为ROI），通过投入最小化获得回报最大化。对于仅仅只是把自己的产品或服务卖给顾客，这是

不够的，因为你卖出去的产品或服务，只是你在这个企业中所有投入和现存价值中的一部分。

创始人通过充分认识理解"财务、资产、负债、利润、现金流"等概念，读懂"利润表、资产负债表、现金流量表"三张表，建立起"财务思维"，要对企业的每一分钱都尽可能去追求更大回报、降低损耗、增加利用率。

这种把企业的资产、负债、净资产、现金流、收入、利润进行整体性考虑和经营的策略，就是一种财务思维。它是一种以结果为导向性的思维，有多少收入和现金，只是财务思维中一个要素，并不是全部，财务思维需要全局性地关注资产、负债、净资产、现金流、利润、收入几个要素联动变化带来的系统的结构性变化，而不能孤立去看上面的利润、现金流、负债等个别指标。比如公司的目标是未来一年要大幅度提高公司的收入，就必须为这个目标配套购置相应的资产或增加市场预算等。投入多了就会引起债务或销售费用增加，就会影响利润，而且公司的利润不一定会和收入同比上升，有可能是收入和资产增大的同时，负债和亏损也在扩大。我们任何一个业务行为，都会影响多个财务变量，创始人应该根据业务模式，采用财务思维，更均衡、全面地经营发展企业。

什么是资产？企业会计准则对资产的表述为"资产是指企业过去的交易或者事项形成的，由企业拥有或者控制的，预期会给企业带来经济利益的资源"。资产在会计系统中处于第一重要的位置，一句话概括表述就是：企业拥有的能带来经济利益的资源，有固定的流动的，有形的无形的，比如现金货币，购买的电脑设备、运货汽车、办公楼，生产的产品存货，申请的域名、商标、专利、版权著作权，股票、债券，对外股权投资等都是企业的资产。而且在数字化时代，用户、数据还是企业最具价值的资产之一，比大楼物业等固定资产更吸引投资人目光。创始人不但要把生产的存货卖出去获取利润，还应该想着把无形资产、有形资产增值后放大，把办公设备、汽车等损耗折旧降低，增加利用率；对于大型生产设备、办公室等在多余时间通过出租等形式让其使用饱和，尽可能满负荷运转，增加产出回报；对于富余现金，因为利息回报太低，可适当将部分用于购买股票和对外投资等，以获得更大产出回报；对于商标品牌、专利和版权、著作权等，可以通过招募连锁加盟、授权合作商，增加重复销售，扩大销售来源。

比如相当多的上市公司在早年赚钱后都或多或少购买大楼物业，被人说是不务正业，但在这几年，通过卖楼获得了十几倍甚至几十倍的收益回报，解决了资金短缺时的困难问题；还有著名的ipad商标，即使在原商标注册企业出现了问题后，还能按6000万美元出售，比原来注册商标的成本价格溢价了200多倍到上万倍之多。

京东曾经连续亏损13年，刘强东不仅没有倒下，身价还扩大至上千亿元；拼多多成立仅5年就成为全球范围内最快实现千亿美元市值的公司，年活跃买家数在2020年9月底达7.313亿，已经逼近发展了十几年的阿里，创始人身价约超2000亿人民币，其低价补贴模式功不可没。这些案例说明，很多投资人在采用财务思维投资企业，看重的不是短期的创收和盈利能力，而是更长远的增长空间和新业务的发展前景，也获得了巨额的回报。

11.3　效率思维，谁高效谁就赢

随着科技进步和社会生产力的发展，人们的交往、生产等社会行为变得越来越快，交通运输从人背、骡马拉到自行车、汽车、轮船、高铁、飞机；通讯从烽火狼烟传讯、鸿雁传书、邮驿驰道到后来出现电台、电视、广播、互联网等载体和电报、电话、BP机、大哥大、2G手机、3G手机、4G/5G手机等即时传讯通讯方式；支付从以物换物、铁铜金银货币、纸质现金货币到电子支付、数字货币；人们的日常衣食住行购物从实体店向网购转移；以前生产一部汽车需要上百个工人花上一个月时间，现在自动化流水线作业，平均只需几分钟。

所有的一切变化，无不昭示着当下和未来，企业所有的竞争资源将聚焦于一点：效率！企业商品或服务在同等品质情况下，谁的市场反应更快，谁的效率更高，谁就拥有更低的成本，更优的生产服务和销售速度，更快的资金率，更大的利润空间，更大的增长率，从而获得更高速的发展！企业之间的竞争变成了效率比拼竞争！

（1）传播更快

别人在使用传统媒介宣传，或在一对一单点传播时，你使用新媒体、新媒介、短视频、信息流进行传播，以点打面，能更快更广地覆盖目标人群。

（2）销售成交更快

别人在一对一领先人工拜访获客沟通时，你使用AI（人工智能）、互联网等技术，获客更多，时效更短，成交更快。

（3）签约更快

别人在按部就班拟合同打印、走流程、签字、盖公章、寄快递时，你采用电子化合同，电子文档协同签改，电子公章线下签印，签约更快。

（4）采购更快

通过建立电子采购供应链平台，快速完成招示、签约、采购单下达。

（5）运输更快

依托数据分析，产生更短时效的运输线路和运输方式，降低物流成本和提高运输速度。

（6）支付或收款更快

采购电子支付、刷脸支付，每位顾客均可通过线上线下完成支付，而每位员工均可以快速建立电子支付收款单，分解货款催收任务，快速完成聚合支付收款。对于应付款，与支付平台融合，从发起支付、审批到批量自动化完成付款给客户方，把传统几个小时的支付流程压缩至几分钟。

（7）生产服务和交付更快

通过生产设备智能化升级改造、服务手段电子化升级，快速低成本地完成顾客的生产订单或采购业务，比如生产中采用自动投料自动化生产流水线，可以24小时不间断生产；在服务中采用机器人智能客服24小时值班；在新媒体传播维护工作中，采用第三方高效编辑工具、图片库等，几分钟即可完成普通设计和编辑排版流程需要半天的工作；通过使用新设备、新技术、新工作模式，可大幅降低人力成本，增加时效产能，进而降低单位时间生产服务成本。

（8）服务响应更快

在线客服系统响应收集客户的反馈，在线安排服务工单，系统排班分配跟进人员，自动呼叫回应客户问题，快速解决客户疑问点，提升客户满意度和复购率。

（9）组织协同更快

文档在线分工协同，工作任务在线安排，视频会议高效沟通，项目进程在线协调控制。

（10）决策更快

通过部署数字化管理系统，快速获得各类经营报表数据，辅助快速作出决策部署。

（11）资金周转更快

快速采购、生产、销售、回款全流程电子化后，周而复始，就会越转越快，提升资金周转率和利用率。由于周转快了，甚至可以和传统慢的企业形成时间差的资金沉淀，企业的资金相当于间接被放大，可以做更多次数的投资，获得更大的投资回报。

（12）迭代更快

在快速发展中，快速完善发现问题的解决流程和机制，迅速介入对问题的修正，对整个企业运转系统及时优化升级，以跟上和促进快速变化发展的企业步伐。

注意，效率思维的高效率追求，是建立在整个企业生产经营系统有效可靠、平衡稳定、协调发展的基础上，是有序有效的速度快、效率高，不是盲目、错漏百出、顾此失彼的单纯求快，这样才是正确的效率思维打开方式，如果自身条件暂时还不允许，就从局部突破带动全局变化。有时讲"慢即是快"，这个"慢"就是指"稳健，少犯错误"的意思。

11.4　供应链思维，抢占高地卡位要塞打七寸

在大数据、大资本、高效率时代，大小企业之间的竞争最终都将进入以下几个维度竞争的深水区：一是数据，二是效率，三是供应链。

供应链管理是用于高效整合供应商、制造商、批发商、承运商、零售商和客户，甚至企业内部的一组同步决策和活动，让恰当的产品和服务按照恰当的时间，以恰当的数量配送到恰当的地点，使系统成本降低而又能满足客户的服务需求；是企业解决资金缺乏、规模较小、技术落后等问题的有力武器，目的在于追求整个供应链的整体效率和成本最优化。它可以

帮助企业处理快速、动态、变化的各类问题，迅速做出改变和反应，以适应新的发展和经营需要，并有效降低企业的管理成本。

供应链思维就是从供应链价值的角度去思维、考虑、决策！目前，电商竞争下沉，导致大部分民用商品都在比价格，而价格战的背后就靠供应链精细化管理来支撑。谁的供应链强大，就可以用优势成本压制对手，或卡位控制供应端关键原材料，在行业生态中掌握话语权。打蛇打七寸，打仗占要塞，在供应链关键节点抢占先机，往往能起到四两拨千斤的作用。

供应链相当于一条商业食物链，创始人需要时刻审视企业的外部供应链环境：自己处在整个供应链的哪个节点，自己的位置是否在关键环节上，自己能否影响整个供应链的上下游变化，自己是强是弱，自己的生产销售是否被人卡脖子，是谁卡自己脖子，有没有备选预案防止卡脖子，自己有没有可能逐步抢占这个高地，成为卡别人脖子的人，整个供应链生态是什么样的，现在是谁站在最关键的节点，即食物链的顶端上；哪些节点是稀缺资源，哪些节点比较强势等。企业内部也有内部供应链环境：A部门是B部门的上一个工作流程环节，A就是B的供应节点，在企业内部哪个部门是关键部门，谁关键谁就是企业的高地。哪个节点可以影响生产销售的瓶颈点，就是企业的七寸位置，需要以重点资源倾斜分配优化。

2020年下半年打得火热的社区团购大战，巨头间竞争其实就是供应链竞争，A公司从批发市场采购一斤青菜2元，卖出去还亏1元，B公司如有优势供应链，从田间地头以最优路线直达消费者，卖1.8元还赚0.5元，就是卖得比你便宜，还比你赚得多。如阿里巴巴的犀牛工厂，帮助企业按销定产减少库存，也是从供应链端优化升级。如果不重视供应链，即使有先进厂房和设备，可能也会陷于巧妇难为无米之炊的局面。

运用好供应链思维，除了让企业通过拥有成本控制优势有效提升利润和掌握行业话语权外，它还是保护企业的护城河，力保不断粮不断炊。

11.5　迭代思维，做企业是从 V1.0 开始的长期打磨过程

罗马不是一天建成的。千里之行，始于足下！做企业是一个长期过程，每个阶段都有其目标任务，在这科技生产力发展一日千里，市场竞争快速而多变的时代里，更需要用迭代思维坚持长期主义去看待企业的发展。

在软件开发中，经常用到"迭代""升级""版本"这些词，比如1999年2月由腾讯推出的QQ，到2020年末已发展到了V9.4版本，还在中途利用自身阶段性优势延伸开发了今天的另一个国民级应用——微信；iPhone于2007年上市，到2020年发展到了第12代，即iPhone 12，并且把iPhone 12和另一个也在不断进化迭代的产品iMAC电脑打通形成iOS/MAC OS生态，打造了业界不可撼动的苹果消费现象。

腾讯和苹果都是迭代思维发展的成功典型。什么是迭代思维？不追求完美，允许有不足，尽早把产品服务定型并推向市场，接收反馈，不断在试错中持续升级、不断更替优化和完善产品，这就是迭代思维！迭代思维讲究的是先行动，在行动发展中不断循环往复去修正、完善自己。古语有云：不积跬步，无以至千里；不积细流，无以成江海！凡事都是从弱小到强大，从低级到高级，从小胜累积变大胜，从量变到质变的演进进化

过程。

唯物辩证法也论述了这一点：事物的发展是周期性中体现前进和曲折的统一，事物的发展道路是否定之否定规律揭示的，通过自我肯定状态，到达自我否定状态，进而再由这种否定进到新的否定状态，从而开辟出自我发展和自我完善的道路。这就是迭代，先形成1.0肯定阶段性的成果，再继续在发展中用发展的眼光和辩证法寻找更好方案，去肯定1.0的优点和否定1.0的不足，进而形成相对于1.0而言，更好的2.0企业发展版本。在这不断复盘拆解，不断优化完善，周而复始循环地更替迭代过程里，形成优化可持续发展思路，最终向理想目标一步步逼近：从1个客户，10个客户，到100个、1万个、更多的客户；从1万元利润、10万元利润到更多利润。

创始人在创业的前100天，最重要的就是把企业形成1.0版本，形成自己的采购、生产、服务、销售、回款工作流，把自己的1.0版本产品定型推向市场，这时可能目标顾客画像也是1.0版本的，不是那么清晰，整个运营体系可能还比较粗糙，走得还比较磕磕碰碰，但是没有关系，先发展，在发展过程中修正。这里要注意，这个"粗糙"是相对"完美"而言的，不是真去做一个"粗糙"的劣质产品，即使1.0版本，推向市场的产品也一定要质量可靠，以可靠的产品服务满足客户的需求，这是企业运营的基础，不可改变。如果做10个功能很仓促，不是很完善，那就集中精力做好一个功能，这样的产品相对10个功能的理想产品而言，是简单"粗糙"了些，但由于所有精力用于打磨1个功能，拥有这个功能的产品是质量可靠的。

之所以在短短几十年内，我国的国民经济总产值从一穷二白跃升至全球第二，很关键的一点，就是持续制订五年经济发展计划，并坚持执行发展，从一五时期（1953—1957），到如今的十三五规划（2016—2020），和即将到来的十四五规划及远景目标发展，迭代思维所产生的建设性发展力量令全球瞩目！

迭代，简言之，就是"小步，迭代，试错，快跑"，它主张的是要坚信微小的力量，坚持长期主义，在动态中发展，在发展中不断完善优化升级。合抱之木，生于毫末；九层之台，起于累土。如果把你的企业创业五年计划目标划定为9.0版本，那么拆解它、分解它，做好1.0吧，前100天就是你的创业1.0版本！

11.6　安全思维，确保安全才能行稳致远

如果前面五种思维能让你的企业一步步壮大，都是给你成绩后面加多 N 个0，你拥有的更多，这后面的0就更多，但这一切的前提是，有安全的"1"存在。安全思维是创始人的保险防线，如果没有安全来做保障，有可能将数年、数十年所有苦心经营的成果毁于一旦。安全经营重于泰山，创始人要始终将安全视为企业第一生命线，它属于创业本身的要素范畴，但又超越了创业本身，甚至贯穿整个人的生命周期。

无视安全，则一切皆是虚幻，谁漠视安全，谁就要付出代价，有朝一日可能一切归零！

安全要考虑的内容较多，从创业者和股东、员工本身、企业的各生产要素均可延伸出诸多安全注意事项来，每一人、每一事、每一物，均应多

考虑是否存在安全隐患，制定好事前预防、事中修正、事后弥补的措施，其中重在预防，凡事多考虑"容灾备份"措施。

安全从分类上大概有如下几种。

（1）顶层架构安全

股东、伙伴合伙协议、公司章程、股份比例设置是否合理，是否搭配得当，是否存在隐雷可能性。

（2）资金安全和财务风险控制

防止投资超出预算或承受范围太大，控制资金链安全、资金贷款或来源等安全。

（3）人力安全

关键岗位是否有后备人选，核心骨干人员的流动是否影响企业的生产销售等。

（4）知识产权和数字化安全

公司是否健全自己的商标、版权、专利体系，是否能有效保护自己的利益，避免他人侵权，或避免自己侵犯他人权利；是否使用了未经授权的商业字体、安装了来源不明的盗版软件；企业网站或公众号是否使用了来源不明图片、视频、声音文件等；文章的内容是否违反广告法，是否有不良内容等；网站或管理系统等数字化工具是否安全，是否设置了防火墙防篡改防泄漏措施；企业文档、邮箱、工作聊天记录等是否做了防拷贝外泄的措施；客服电话是否做了录音记录等。

（5）供应链安全

企业的上下游供应和原料采购、设备、产品质量溯源控制、销售渠道是否存在受控他人的节点，受控的程度是否可能导致企业无法正常运行，如果有，要逐步完善替代备份方案，保持双线合作。

（6）制度安全

预防性地制定生产环节、服务环节、设计研发环节、制造环节、销售环节、文档资料、人员关系、客户关系等方面的安全制度或合同协议，尽量把隐患消于无形。

（7）环境安全

宏观上环境安全，如政策风险、流行病和非人力可控的突发事件；微观上环境安全，如生产车间事故安全、生产对自然环境的环保生态破坏、噪声环境、排废环境、社群舆情环境、企业内外部营商政商环境的和谐构建维系等。

（8）创始人安全

如创始人身体健康、家庭婚姻、私人情感、爱好、生活交友、人身安全等都会直接或间接对企业造成好的或不好的影响。越是身居高位，越是公众人物，能量越大，社会影响力越大的人，越是如此，如上市公司高管、明星人物、政界人士、敏感行业人士等更易引发大的安全风暴事件。

许多安全隐患有时并非来自商业机密，有时手上戴的一块表、不符场合的笑容、不合时宜的装扮、在人前随意的一句玩笑话，都会引发企业安全地震，小的安全事故让创始人狼狈不堪，大的可让企业瞬间休眠直至倒闭，创始人甚至还要有牢狱之灾或以生命为代价。

比如三鹿奶粉事件因为产品质量安全、快播事件因为被人举报有不良内容，导致企业从高光时刻一夜崩塌；还有2020年末发生的身价数十亿元的网游上市公司董事长被人投毒导致身故事件，资产规模高达2万亿元的保险巨头安邦解散破产事件等，都是因为安全事件隐患造成企业迅速走向休止或创始人生命受到影响的例子。

11.7 善用数字化工具，工欲善其事，必先利其器

前述6大思维：数据、财务、效率、供应链、迭代、安全，数据思维是基础，对于企业的客户、资产、生产、产品、市场销售、采购、人力、财务等各种纷纭复杂、眼花缭乱的数据，如何采集获取，如何存储和加工处理，并高效地分析和利用，这些单靠人力是无法完成的，需要结合和借助各类信息化数字化管理系统工具，善于选用适合自己的工具，让数据招之即来，来即能用，用后有利于发展。

选择什么样的数字化工具呢？企业大小不同，处在发展阶段不同，需要的软件工具也有所不同，但普遍来说有三大类。

① 一般企业需要一套协同数字化工具，进行客户、员工、营销、办公、

订单、服务、支付收款等管控，如超博CRM企业数字化系统，一套产品就将企业网站、企业微信营销、微信公众号/小程序、客户管理、内部协同办公管理等模块有效融合一起。系统基本满足了中小企业主要的数据化、数字化、高效率管理运营的问题，购买安装后就可以长期使用，私有化交付部署，费用成本不高，对中小企业特别是初创企业较为合适，而且有源代码交付，日后企业做大了也还有扩展余地，这样的数字资产是可继承的。

② 再采购一些专注某一功能项的软件工具，如文档编辑共享的用WPS，WPS除了办公文字、表格、PPT三件套，还包括了海报、原型图、思维导图、录屏等应用功能，视频会议用腾讯，内部考勤和内部协同沟通用企业微信或钉钉，与客户的连接可采用已经与微信打通了的企业微信。

③ 申请支付宝、微信公众号、微信小程序、微信支付，引流方面开通自媒体、短视频账号，开店方面申请拼多多店铺、淘宝店。

这样，初创企业的数字化框架就基本搭建起来了。

最后，对选择和使用数字化系统工作提供几点参考建议。

① 安全至上：数据是安全的、自己能掌握的、能扩展的，最好能安装部署在公司内部或企业私有云中；最好能掌握源代码，日后企业发展了还能按自己需要进行个性化二次开发扩展调整。

② 足够开放：系统软件一定要能内外协作，将供应商、员工、客户有效连接，打破信息孤岛，业务功能上要与阿里、腾讯有所对接。现在这两大巨头掌握了支付宝和微信支付和众多商业生态，并且两者相加基本覆盖了所有的网民，和这两大巨头没有关系的系统软件就是自绝于主流，闭门造车，对企业未来拓展发展极为不利。

③ 建立配套：最好建立相当的数字化信息化管理制度，建立保密协议制度，对岗位职责、工作流程、数据安全、处理措施作出明确规定，并与相应岗位的员工在工作合同、保密协议中有所体现。

限于篇幅，关于数字化工具在实际应用中的使用场景、技巧，以及遇到问题时，使用何种工具能更高效地解决问题，这里就不再赘述。读者可以自行访问笔者创办的tunke.cn豚客企服平台，我们开设有读者专区，为大家提供归纳好的数百款高效企业数字化工具归类表、思维导图、内部工具培训PPT，以及利用企业微信、小程序、超博CRM企业数字化系统为企业高效服务的使用技巧介绍，希望能对您的创业有所帮助。

 附录

附录1　员工手册

第1章　总则

第一条　本手册所适用的员工包括公司正式雇用并签订劳动合同的员工。

第二条　本公司为明确规定公司与员工的权利与义务，依据《中华人民共和国劳动法》编制本手册。

第2章　聘用

1.基本政策

（1）公司员工在聘用及晋升方面机会均等。

（2）出现职位空缺时，公司会优先考虑内部员工是否适合空缺职位，然后再向外招聘。

2.入职手续

应聘者通过公司笔试、面试检查并确认合格后，可被聘为正式员工。

3.试用期

新员工被录用后，有为期三个月的试用期，此期间公司将对员工的工作进行考核。

4.聘用终止

试用期结束后，员工有权终止劳动合同，但必须提前一个月提交书面通知。若员工存在违反国家法律或公司规章制度的行为，公司有权随时与其解除劳动合同。

5.劳动合同

公司会在新员工入职七个工作日内与其签订劳动合同，员工应严格执行劳动合同。

6.离职手续

离职的员工必须填写离职申请书，之后移交所有工作，移交工作结束且办妥移交手续后，方可正式离职。

第3章　员工福利

1.社会保险

由公司为正式录用的员工购买社会保险。

2.津贴福利

公司为正式员工发放住房补贴、交通补贴，工龄满一年以上的员工享受工龄补贴。

3.节日福利

五一劳动节、国庆节、中秋节、元旦、春节等法定节日期间，公司会为全体员工准备福利活动并发放礼品。

4.生日福利

员工生日当天，公司会为其发放88元红包，以示祝贺。

第4章   工作规范

1.行为准则

尽忠职守，爱护公司财物，遵守公司规章制度，不做损害公司信誉的行为。

2.工作态度

热爱本职工作，对工作负责，做到不拖延，不积压。

3.工作纪律

严格遵守上班时间，不得无故迟到、早退。

第5章   考勤制度

1.考勤办法

公司全体员工实行上班打卡制，打卡必须由本人执行。在上班时间之前未打卡者，视为迟到；超过1小时则视为旷工。对于迟到、旷工者将会按照公司制度对其进行处罚。

2.请假流程

员工请假需提前提出请假申请，经部门主管或经理批准后方可请假。

3.休假种类和假期待遇

（1）事假：员工请假3天（含3天）以内由部门经理审批，3天以上由总经理审批。

（2）病假：如员工因病请假，需提供区级、市级医院证明。

（3）丧假：在公司任职满一年的员工，如直系亲属去世可享有三天有薪丧假。

（4）年休假：在公司任职满一年的员工，可享有七天有薪年休假。

第6章　工资和奖金制度

1.工资

公司于每月10日发放员工上一个月的工资，并按法律规定代扣个人所得税、社会养老保险等的个人缴纳部分。

2.奖金

公司在年度结算后，根据绩效考核结果为员工发放奖金。

第7章　员工发展

1.在职培训

为提高员工的工作效率，公司鼓励员工参加公司内的培训课程。

2.晋升机会

在公司出现职位空缺的情况时，公司将优先为员工提供内部晋升的机会。

第8章　附则

1.本手册为公司内部资料，请员工妥善保存。若手册不慎遗失，员工需及时向行政部申报。

2.员工离职时，需将此手册交还行政部。

3.员工如对本手册内容有不解之处，请及时向行政部咨询。

附录2 公司招聘管理制度

制度名称	招聘管理制度	受控状态	
		文件编号	
执行部门		监督部门	考核部门

第1章 总则

第1条 目的

1. 及时补充公司人力资源，补足岗位空缺，满足公司的用人需求，以实现公司的经营发展目标。

2. 规范公司招聘活动，使招聘工作顺利进行，为公司招聘到合适的人才。

第2条 招聘方式

1. 外部招聘

公司主要通过招聘会、校园招聘以及网络招聘等方法进行外部招聘。

2. 内部选拔

公司内部选拔方式包括员工申请和各部门推荐人选等。

第2章 招聘计划制订

第3条 制订招聘计划

人力资源部根据总经理审批通过的员工编制标准和人力资源需求计划制订招聘计划。

第4条 定期招聘

1. 人力资源部需在年末制订公司下一年度的招聘计划及费用预算。

2. 公司各部门需在季度末将部门的招聘计划提交给人力资源部。

第5条 不定期招聘

1. 在公司各部门急需招聘时，人力资源部需根据各部门需求制订临时招聘计划。

2. 各部门有招聘需求的，应提前一周向人力资源部提出申请。

续表

第3章　招聘工作实施

第6条　内部选拔与外部招聘

1.公司出现岗位空缺时，公司将优先考虑在公司内部全体员工中公开招聘。

2.当内部招聘无法满足招聘需求时，公司再进行外部招聘。

第7条　面试与录用

1.人力资源部负责挑选求职者的简历和初试工作。

2.公司各部门负责求职者的复试。

3.人力资源部配合各部门，对求职者进行综合评价，按照择优录用的原则发放聘书。

第4章　人员录用程序

第8条　新员工入职

1.新员工入职前需提交体检报告，体检合格方可录用。

2.人力资源部负责为新员工办理入职手续。

第9条　试用期规定

1.公司新员工试用期为三个月。

2.试用期间，各部门应做好新员工的指导工作，记录新员工在试用期的工作表现。

3.员工试用期满后，用人部门需对员工进行考核，考核通过的经人力资源部及总经理审批后正式录用。

第5章　附则

第10条　本制度解释权归本公司所有。

编制日期		审核日期		批准日期	
修改标记		修改处数		修改日期	

附录3　员工绩效考核制度

第1章　总则

第一条　为提高员工的工作积极性特制定此考核制度。

第二条　本制度适用于公司全体员工。

第三条　员工绩效考核原则

员工绩效考核坚持公开、公正、公平的原则。

第2章　考核内容和分值

第四条　考核内容

1.岗位工作：岗位职责中要求的工作内容，由员工上级进行考核。

2.工作态度：员工的工作态度由本部门统一进行考核。

第五条　分值计算

考核总分满分为100分，岗位工作、工作态度分别为60分和40分。

第3章　考核办法

第六条　由人力资源部组织员工绩效考核工作，各部门负责实施。

第七条　员工年度考核包括年中考核、年终考核。年中考核用于改进员工上半年工作绩效。年终考核用于年终奖金的发放和职务调整。

第4章　考核结果

第八条　各部门于6月末和12月末将本部门考核汇总结果提交给人力资源部。

第九条　人力资源部需将考核材料存档。

第十条　如员工对考核结果存在异议，人力资源部需进行复查核实。

第5章　附则

第十一条　本制度的解释权归本公司所有。

附录4　企业财务管理制度

第一条　总则

为规范财务工作，本公司依照《中华人民共和国会计法》《企业会计准则》等法规制度，结合公司实际情况制定本制度。

第二条　库存现金管理

1.出纳现金必须做到日清月结，每月财务人员要进行不定期盘点及月末盘点，且出具《现金盘点表》。

2.现金超过库存限额（2000元）时，应及时存入银行。

3.财务人员取得的资金必须及时入账，严禁收款不入账；禁止财务人员挪用现金、白条抵库、坐支现金；严禁未经授权的员工办理资金业务或接触资金。

第三条　日记账管理

1.每日完成收付款业务后，财务人员需及时登记现金日记账，注明凭证的日期、编号、金额和对应科目等。

2.每笔业务登记后，财务人员需结算账面余额，并计算每日收入和支出。

第四条　费用报销流程

一、费用分类

1.管理费用：包括管理人员工资、差旅费、业务招待费、交通费等费用。

2.销售费用：包括销售人员工资、差旅费等费用。

3.财务费用：包括银行收取的手续费、支票费用、利息费用等。

二、费用报销流程

1.各项费用发生前员工需向所在部门提交费用申请单，被批准后方可报销。

2.费用发生完成后，员工需持部门经理签字的费用申请单、报销单及发票办理报销手续，由部门经理签字确认、财务人员复核无误后报销。

第五条　税、票管理制度

一、发票管理

1.由公司财务人员向税务机关办理发票领购。

2.财务人员开具发票要按增值税专用发票和普通发票的开具范围来实施。

3.财务人员需按要求开具专用发票：字迹清楚，项目填写完整，票务、票面金额与实际收取的金额相符。

4.财务人员需按照公司规定时限开具发票。

5.财务人员不擅自销毁发票的基本联次。

6.财务人员不得使用不符合规定的专用发票抵扣进项税额。

7.如丢失专用发票，财务人员必须按规定程序向当地税务机关、公安机关备案。

二、纳税申报及税档案管理

1.财务人员应按税务机关的要求及时申报纳税报表并及时缴纳税款。

2.财务人员需以书面登记的形式记录税务机关名称、具体管辖负责人的名称、职务、主管业务和联系方式等信息。

3.财务人员需将各年度公司所得税汇算清缴审核报告、税务机关出具的批复、检查处理决定等文件分别装订成册，并规范制作文件封面，存档保管。

4.财务人员需建立《税务档案保管手册》，记录全部税务证件、申报信息、纳税申报表、审计报告、税务批复等相关信息。

第六条　财务档案管理

1.财务人员需要将本公司所有财务凭证、财务账簿、财务报表、财务文件等整理归档。

2.财务人员需要按编号顺序将财务凭证装订成册，同时在首页标明日期、单据张数等信息，由总经理签名盖章并归档保存。

附录5　产品研发管理制度

第1章　总则

第一条　为加强对产品开发和产品优化工作的管理，提高产品研发效率，指导产品研发工作，特制定本制度。

第二条　各部门和各岗位的职责

1.公司总工程师负责制订公司产品研发计划，处理在执行计划中出现的问题。

2.公司副总经理负责产品研发项目的审批、设计、试制、鉴定、认证、专利申报工作。

3.销售部负责收集和提供市场数据，并提出产品研发建议。

4.人力资源部负责产品研发人员的配置。

5.产品研发部门负责规划产品研发项目，负责设计、试验、测试等产品研发相关工作。

6.生产部需要制订产品的生产计划并组织生产。

第2章　产品研发项目提出

第三条　产品研发部门在每个季度末或年末向副总工程师提交下个季度或下个年度的"产品研发项目建议表"。

第四条　每年年终之前，公司副总经理负责对"产品研发项目建议表"

进行评审，并将评审通过的项目上报总工程师批准。

第五条　研发部门在收到《产品研发任务书》后，需要完成"产品研发项目进度表"和设计说明书，并报副总经理审批。

第六条　根据上报的计划表，公司总工程师汇总制定"公司年度产品研发计划表"。

第3章　产品设计管理

第七条　设计说明书

1.产品的设计说明书必须包含以下内容。

（1）产品的基本参数及主要技术性能指标。

（2）产品的整体及主要部件结构。

（3）产品工作原理及系统。

（4）产品采用的技术标准。

（5）产品设计计算书。

（6）产品总体尺寸图、产品主要零部件图。

（7）产品成本分析。

（8）产品知识产权分析。

（9）产品专利申请建议。

2.产品研发部门可依照产品的特点确定不同的设计说明书的格式，设计说明书中的内容可在不同的设计阶段完成。

第八条　工作图设计

工作图设计是依据设计说明书完成的，用于产品试制及之后的产品生产。

第6章　产品试制与鉴定管理

第九条　试制工作包括样品试制和小批试制两个阶段

1.样品试制。产品研发部门依据设计图纸等，试制出一件或几件样品，然后进行试验，以考验产品结构、性能和设计图的工艺性。

2.小批试制。小批试制以样品试制为基础而进行，以考核产品的工艺性，校正和审验设计图纸。

此阶段的工作以产品研发部门为主，试制工作在生产部进行。样品试制和小批试制完成后，产品研发部门还要完成以下工作。

1.试制总结。

2.总结产品的全面性能试验。

第十条　产品鉴定程序

样品鉴定与小批试制鉴定工作由负责管理技术的副总经理负责，其需要对产品进行审查，并出具建议书，最终报总工程师审批。

第7章　专利申请

第十一条　为避免同行以仿制嫌疑诉讼本公司，产品研发部门的全部设计资料都必须存档保存。

第十二条　产品研发部门要对技术创新提出申报专利的申请，并提供相关资料，由总工程师负责专利申请的报批工作。

第8章　产品研发经费

第十三条　公司实行产品研发经费承包制，经费包括调研费、对外技术合作费、产品鉴定费、专利申请费和公司规定的奖励等。

第十四条　产品研发经费按预算划拨，单列账户，专款专用，由产品研发部门实施，财务部门监督。

第10章　产品研发周期

第十五条　一般情况下，产品研发周期以销售部门的需求来确定。如产品研发部门的开发周期无法满足销售部门的要求时，由总工程师确定开发周期。

第十六条　对于公司已具有成熟技术的产品，可直接从设计图开始开发，开发周期一般为三个月。

附录6　基层员工年度绩效评价表

单位	部门	被考核者		考核周期	被考核者签字及日期
		职位	姓名		
指标类别	指标编号	考核指标	权重	实际值	评分
绩效评价		绩效			
个人能力素质评价		能力			
个人态度评价		态度			
最终得分					

附录 7　基层员工能力评价量表

	优秀	良好	一般	较差
	1.2 分	1.0 分	0.8 分	0.5 分
专业能力	系统全面掌握本专业理论、知识和技能，对多数问题有独立见解，是本专业或一方面的行家，解决专业问题得心应手	较为全面掌握本专业理论、知识和技能，对某些问题有较为深入见解，在本专业内的知识较为精通，解决专业问题相对熟练	一般地掌握本专业的理论、知识和技能，能够基本满足工作要求，在别人的启示下，对一些问题能提出自己的见解	对本专业的理论、知识和技能的掌握较差，需要进一步培训和学习才能满足工作要求
	1.2 分	1.0 分	0.8 分	0.5 分
沟通协调能力	沟通协调能力很强，能建立非常好的信任与协作关系	沟通协调能力很强，能建立很好的信任与协作关系	沟通协调能力较强，能建立较好的信任与协作关系	沟通协调能力较差，信任与协作关系一般
	1.2 分	1.0 分	0.8 分	0.5 分
学习能力	学习能力非常强，能非常快速准确地掌握新知识新技能并熟练应用	学习能力很强，能快速掌握新知识新技能并应用	学习能力较强，能较快掌握新知识新技能并应用	学习能力较差，通过较长时间的学习、指导，能够掌握新知识新技能
	1.2 分	1.0 分	0.8 分	0.5 分
工作质量	工作质量高于预期，不需上司指导	工作质量达到预期，不需上司指导	工作质量经上司指导修正能达到预期	工作质量低于预期，指导后能及时修正
	1.2 分	1.0 分	0.8 分	0.5 分
效率	工作高效，超过预期	工作效率符合要求	在上司督促下能按期达成目标	工作目标达成进度稍有延迟

附录8　中高层管理者年度绩效考核表

评价因素	对评价期间工作成绩的评价要点	评价尺度				
		优	良	中	可	差
务勤态度	A. 把工作放在第一位，努力工作。 B. 对新工作持积极态度。 C. 忠于职守、坚守岗位。 D. 对部下的过失勇于承担责任	14	12	10	8	6
业务工作	A. 正确理解工作内容，制订适当的工作计划。 B. 按照部下的能力和个性合理分配工作。 C. 及时与有关部门进行必要的工作联系。 D. 在工作中始终保持协作态度，顺利推动工作	14	12	10	8	6
管理监督	A. 在人事关系方面属下没有不满或怨言。 B. 善于放手让部下去工作，鼓励他们乐于协作。 C. 十分注意生产现场的安全卫生和整理整顿工作。 D. 妥善处理工作中的失败和临时追加的工作任务	14	12	10	8	6
指导协调	A. 经常注意保持提高属下的劳动积极性。 B. 主动努力改善工作和提高效率。 C. 积极训练、教育部下，提高他们的技能和素质。 D. 注意进行目标管理，使工作协调进行	14	12	10	8	6
工作效果	A. 正确认识工作意义，努力取得最好成绩。 B. 工作方法正确，时间和费用使用得合理有效。 C. 工作成绩达到预期目标或计划要求。 D. 工作总结汇报准确真实	14	12	10	8	6
考核结果	1. 通过以上各项的评分，该员工的综合得分是：_____分 2. 你认为该员工应处于的等级是：（选择其一） [　]A　　[　]B　　[　]C　　[　]D A：240分以上　　B：240～200分　　C：200～160分　　D：160分以下 3. 考核者意见： 　　　　　　　　　　考核者签字：　　　日期：　　年　　月　　日					